仰泳

蛙泳

从零开始学游泳
仰泳、蛙泳、蝶泳、自由泳
技巧完全图解

〔日〕堀内善辉 主编　　王爽威　译
（MYS国立游泳学校法人代表）

蝶泳

自由泳

人民邮电出版社
北京

游泳是一项
对身体负担较小、
老少皆宜的运动

　　游泳是不分运动等级，无论大人还是小孩，在各种年龄段都可以享受的运动。

　　对于平时在陆地上生活的我们来说，水中是一个非日常的世界。但是比起我们习惯的陆地运动来说，在水中运动不会给腰部和腿部造成负担，我们也不用担心身体受伤。而且在水中运动能够在不给身体带来很大负担的情况下提高体力、促进健康。

　　这本书是给抱着"想要记住更多的游泳方法，享受游泳的更多乐趣"、"想要游得更快"的想法的读者们编写的。书中介绍了即使是新手也很容易懂的四种泳姿的基础知识，以及能提高游泳速度的技巧。

　　泳姿虽然不同，但是游泳的基础知识是共通的。记住身体动作的诀窍，来试着挑战不同的游泳方法吧！

　　即使现在只会自由泳，也一定可以马上学会其他的泳姿的！

仰泳

无论是哪种泳姿，
最重要的都是用手和脚
用力地抱水

在游泳中向前推进身体的力量称为"推力"。为了得到这种推力，身体的运动方法各不相同，因此形成了四种泳姿，并可进一步分为"仰泳和自由泳"、"蛙泳和蝶泳"两大类。

仰泳和自由泳主要是通过手部的抱水动作来得到推力的，因此被称为"划水类的泳姿"。蛙泳和蝶泳则是身体面向正面、通过左右对称的动作来进行，因此被称为"频率类的泳姿"。

虽然被分为不同类型，但是它们都是通过手与腿的动作来得到推力的。手与腿在活动时，如果能很明显地感觉到水的阻力，那么就能得到推力了。

手与腿的动作在各种泳姿中虽然都是不同的，但是其应用方法基本相同。如果只是冒失地去活动的话，是很难向前推进的。

因此，把抱住的水高效率地转化为推力是最重要的。

蛙泳

蝶泳

自由泳

为了使手脚的力量高效地转化为推力，需要稳定住身体的轴（重心）

　　游泳过程中，手与腿抱水的动作虽然很重要，但是能够发挥这些效果的游泳姿势更加重要。如果姿势混乱的话，好不容易用手脚抱水得到的力量就不能传递到全身。

　　首先，一开始就要稳定好身体的轴（重心），只有身体保持笔直伸展的姿势才能减小水的阻力。以这个姿势为基础，在手脚活动的情况下，用这个基本姿势去游，是能快速前进的重要条件。

　　本书会对此进行详细的说明。但是要事先说一下，游泳时并不是将水向后方推而前进，而是依靠重心的移动而前进。

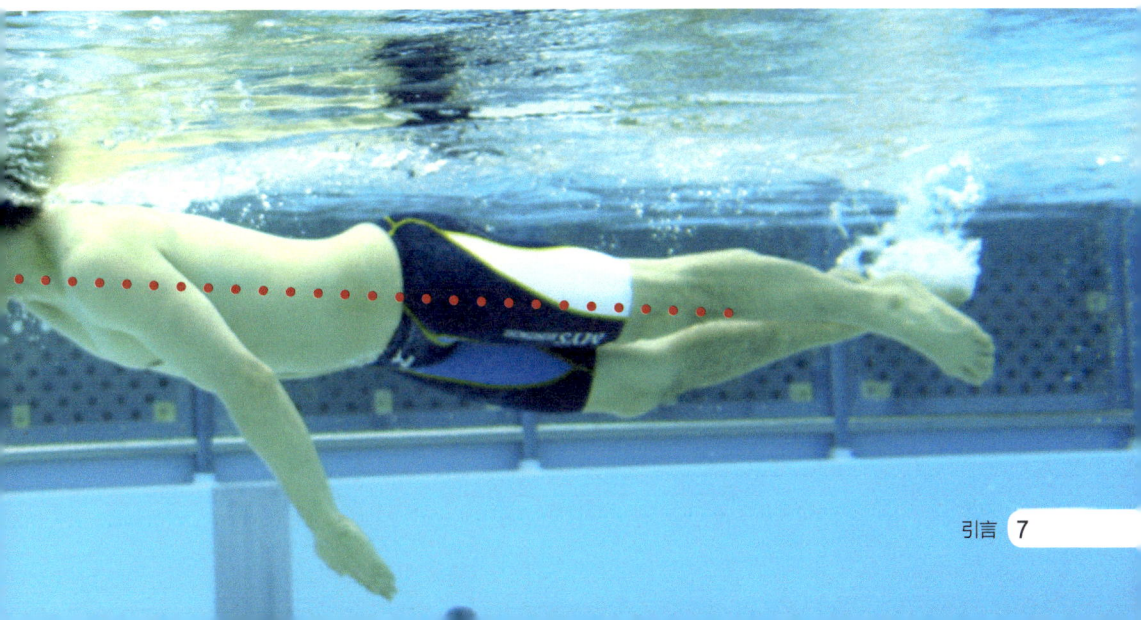

CONTENTS 目录

从零开始学游泳
仰泳、蛙泳、蝶泳、自由泳 技巧完全图解

PART 1
仰泳 BACK STROKE

PART 2
蛙泳 BREAST STROKE

PART 3
蝶泳 BUTTERFLY

PART 4
自由泳 CRAWL

BACK STROKE

用舒适漂亮的姿势
来游仰泳

仰泳

在四种泳姿中，仰泳是唯一的面部朝上的泳姿。我想很多人即使能够会其他的几种泳姿，也不一定会仰泳吧。

首先要做到的是克服反方向前进的恐惧感。如果在游泳过程中稍稍有一些不安的话，就会无意识地用力，使动作变得不自然。

只要可以在放松的状态下面部朝上浮起来的话，无论什么人都一定可以简单地掌握仰泳的。

由于面部一直保持在水面之上，所以呼吸应该也不是很困难的事。只要记住呼吸的方法，就不会出现鼻子进水的情况。

仰泳从外表看是一种很优雅的泳姿，虽然动作很悠然，但是速度却可以匹敌自由泳。

记住正确的身体的运用方法，来放松地游吧。

特征 1 腿很容易下沉

　　面部向上方浮起来之后，腿部会变得容易下沉。这是身体构造的原因产生的很自然的现象，并不是什么大问题。事实上也有怎么也浮不起来的人。

　　这时最重要的是姿势。只要姿势严格按照标准的话，不能水平地浮起来也不是问题。接下来让我们一起学习正确的姿势吧。

特征 2 面部向上容易呼吸

　　仰泳可以不像其他泳姿那样必须使面部接触到水。大多数对水感到恐惧的人都对水中呼吸感到不安。这样的人在进行仰泳时，因为一直面朝上方，所以能够从呼吸的不安中解放出来。

　　只要掌握呼吸的时机，即使是对游泳稍有抵触的人，也能放松地去游泳。

BACK STROKE

习惯倒着在水中前进的感觉

　　在四种泳姿当中，仰泳是唯一的面部向上的泳姿。对于那些习惯了面部向下游泳的人来说，可能在最初有些不安。

　　对于感觉有些困难的人来说，首先要掌握倒着在水中反向前进的感觉。双手笔直上抬，在头顶交叉，之后保持这个姿势在水中向后走，让后背感觉到水的阻力。

　　在陆地上如果倒着走的话，因为看不到前方，所以会感到不安。但是在水中，因为有水的阻力，所以反而会产生一种安心的感觉。最重要的就是要消除心中的恐惧感。

　　稍稍去倚靠后背的水，如果做不到身体托付给水的感觉的话，肯定会很难顺畅地前进。而且因为受到了水的阻力，才可以保持笔直的姿势。

　　习惯了的话，不仅是走，还可以试着跳跳看。这时也要在保持让后背稍稍向后靠的感觉进行练习，这是很重要的。

习惯之后
来一边跳
一边呼吸吧

习惯了反向前进之后，就试着跳起来然后将头潜到水下，并且在这个过程中进行呼吸。在水中呼气，在跳起的过程中吸气。最重要的就是要习惯并克服反向前进时面部突然碰到水时的恐惧。

啪

咕噜咕噜~

呼吸的基础是用嘴吸气，用鼻子呼气

这里的呼吸也和自由泳等泳姿的呼吸方式一样，最好是坚持用鼻子呼气、用嘴吸气。

在仰泳中，吸气时鼻子里很容易进水，所以要尽量坚持只用嘴来吸气。

BACK STROKE

保持笔直的姿势，面部向上浮起

　　熟悉了反向前进的感觉之后，这次来试着面部向上浮起吧。

　　这时最重要的是姿势。身体保持笔直的姿势尽量上浮。实际地试着上浮后，会发现腿部很容易下沉，怎么也浮不上来。特别是男性，因为腿部的肌肉很重，所以导致不容易上浮。

　　只要能保持姿势的话，腿部浮不起来也没有关系。如果勉强地将腿上抬的话，因为全身用力的关系，反而会使臀部或腿部沉下去。试着在肚脐下方附近用力来抬腿吧。

　　习惯之后，利用一开始通过跳跃前进的要领，试着面部向上地向前游吧。腿沉下去的人也应该会在前进的过程中自然地浮起腿的。

　　如果不保持姿势的话，就不能舒适顺畅地前进了。如果过程中感到姿势有些别扭的话，最好重新检查一遍自己的姿势。

经常出现的错误 **NG**

全身放松的同时保持身体成为一条直线是很重要的

勉强地抬腿或身体太用力常会使臀部开始下沉

在自然的状态下，腿部下沉也没关系。只要身体保持笔直的姿势

　　人的身体中，肺部的作用就像救生圈一样，所以身体肯定不会从上肢开始下沉，反而是集中了多数大块肌肉的下肢容易下沉。

　　如果身体放松的话，肯定会出现中间弯曲、腿部下沉的情况。但是用力去抬腿的话，又会破坏身体的平衡。

　　如果腿部或臀部下沉的话，在实际的游泳过程中会使手脚不能流畅地运动。这种状况下要想不沉下去，就只能更用力地去游泳。对于那些游得很累却游得不快的人来说，重要的是检查姿势是否正确。

肚脐下方附近用力，可以使身体不产生弯曲

　　肚脐下方的两侧用力收紧的话，很容易保持姿势。

　　这种力量被称为"腹压"，在其他的泳姿中也是很重要的。通过腹压将腿向上抬，而且在全身放松的状态下，尽量保持只使用腹压的状态。

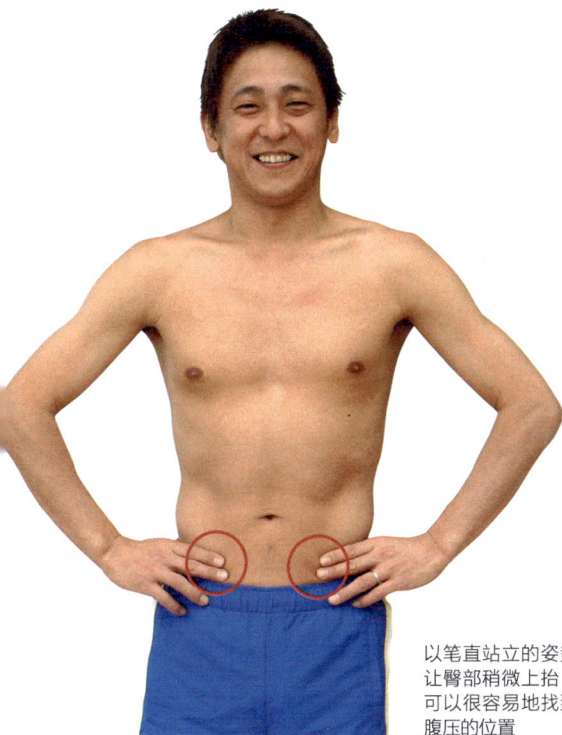

以笔直站立的姿势让臀部稍微上抬，可以很容易地找到腹压的位置

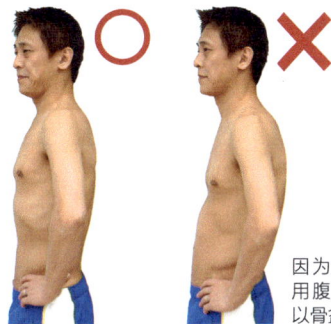

因为没有使用腹压，所以骨盆前倾

BACK STROKE

习惯仰泳中的
向上打腿

试着将双手向着前进方向伸直，在面朝上的状态下打腿前进。

在会自由泳的人中，一定有很多人都认定打腿就是向下进行的动作。但是在仰泳时，即使用脚后跟向下踢也不能快速前进，因为用力下踢的话，脚踝不能很好地抱水。所以仰泳的打腿要有意识地去做向上踢腿的动作。

膝关节的构造决定了小腿不能向前弯曲。也就是说，想要灵活地使用膝盖的话，就要向上打腿，这样便能灵活地使用膝盖来抱水了。当然，由于另一只腿同时要向下打腿，所以实际上会变成双腿夹水的姿势。

接下来让我们一起练习灵活地使用双腿，让它像鞭子一样完成向上打腿的动作。

在身体浮起的状态下，试着通过打腿来前进

　　在身体浮起时进行打腿，向上摆的腿尽量不要用力，有意识地轻柔地向上踢。

　　尤其是脚踝很容易过于用力。所以在打腿时，要把大腿根部到脚尖想象成一条鞭子。

像足球中的踢球动作一样使用腿部

　　很难做好向上打腿动作的人，可以试着想象一下足球中的踢球动作。

　　和游泳一样，踢球时如果太过用力，反而会得不到强力的踢球效果。身体的轴心要保持笔直的状态，灵活地运用腿部的力量来得到强力的踢球效果，这和游泳是一样的道理。

BACK STROKE

能有意识地压低肩膀的话，就能够自然地将身体左右摇摆

仰泳和自由泳以及蛙泳和蝶泳对于身体的运用方法各不相同。

蛙泳和蝶泳是身体朝向正面游动，被称为"频率式游法"。相比之下，仰泳和自由泳被称为"划水式游法"。划水式游法中双臂要相互交替进行划水动作，所以会使身体在不稳定的水中自然地左右倾斜。

因为我们平时在陆地上生活，所以身体倾斜着做一些动作会很不习惯，因此在一开始可能会感到有些不适应。但是请放心，身体不会因为倾斜而转圈。

身体的倾斜配合着划水的动作，可以使手臂的动作幅度变得更大，让抱水的效果变得更明显。

试着将双手贴在身体两侧，通过左右摆动着去游。并不是身体扭转，而是有意识地让肩部下降，让肩膀的动作去带动手臂的划水动作。

以身体的中心为轴，不要偏移。
身体左右摇摆的同时进行打腿

在身体左右摇摆时，重要的是身体的轴心不要偏移。身体扭转的话会让轴心产生弯曲，导致不能笔直地前进。

想象着在烤肉串时来回翻转串的样子，以轴为中心身体左右摇摆

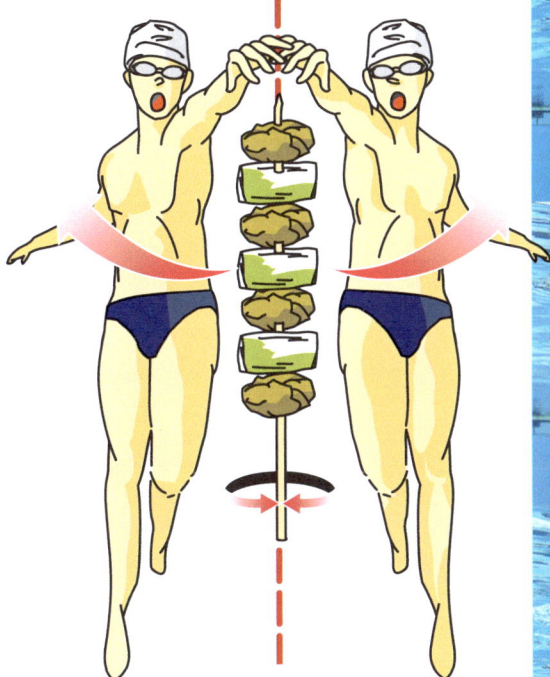

仍然掌握不了身体的运用方法的人可以想象一下烤肉串时的样子：抓住肉串，来回地翻转。请把这个串中的竹签，当作身体的轴心。

BACK STROKE

培养利用正确姿势
前进的感觉

　　能做到自然地使身体左右摇晃的话，就可以在身体倾斜时，以近乎朝向侧面的状态进行打腿了。但是左右摇晃打腿与实际的仰泳最大的不同就是手臂的位置。

　　游仰泳时，双手是不会同时摆到相同的位置的。在仰泳的划水过程中，手臂一定是要在相对的位置上。

　　人体构造中，两只手臂不善于做不同的动作，双手进行相同的动作反而更简单。观察一下仰泳的新手就会发现，特别是手臂向下摆时双手经常会摆到相同的位置，好像"立正"的姿势，被称为"立正后退"。

　　习惯了双臂的轮流动作之后，试着去做单手伸向前方时的侧向打腿练习吧，手心向下做出压水的动作后，能够自然地意识到肩膀的下降动作。

　　这里要注意的是，上抬的手臂如果超过肩膀的间距，摆到肩膀内侧的话，会使背脊变形，从而让身体的轴心弯曲。

想象着用伸出的手心去压水的状态下，试着做侧向打腿吧

试着单手向前伸出，用身体横向倾斜的姿势打腿并且向前进。

这时重要的是，伸出手一侧的肩膀要有意识地下降。

伸出的手心向下，试着轻轻压水的感觉。

这个压水的手感与划水时的抱水动作紧密相关。

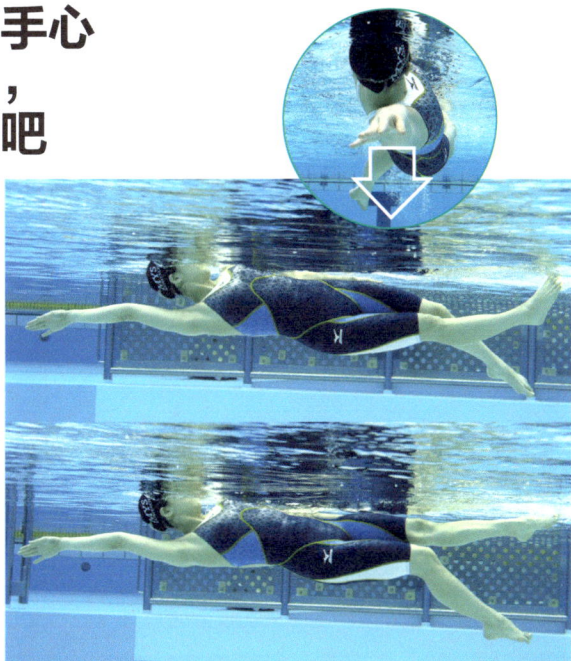

伸出手臂，注意身体的轴心不要弯曲

如果下意识地将身体向着前进的方向拉伸的话，会使手臂向前伸得过远。这不仅会导致身体的轴心产生弯曲，不能笔直地前进，还会使左右动作不一致，增大水的阻力，使你不能自如地去游泳。

因此，伸出的手臂的位置不能进入肩部的延长线的内侧。

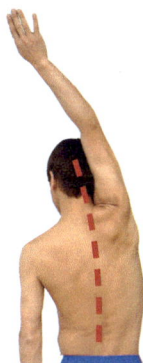

手臂伸得过远的话，会让身体的轴心产生弯曲。

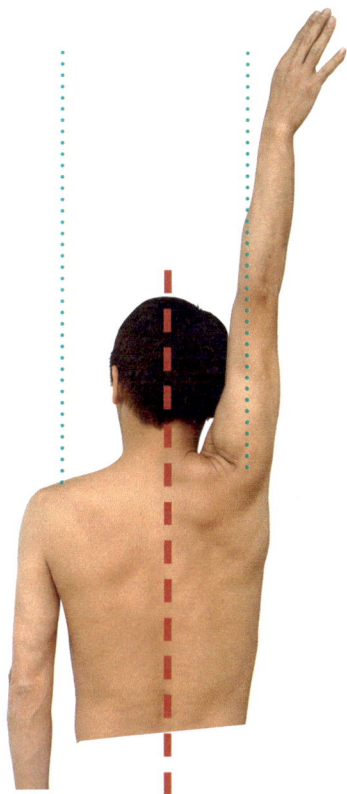

BACK STROKE

让我们尝试一下仰泳

以上述的身体运用方法为基础，一起来试着游一下仰泳吧。

首先请看这些照片，在脑海中形成正确的印象之后，实际地去试着游一下。

相关的一些实际的动作与技巧会在之后的几页里逐一进行介绍。

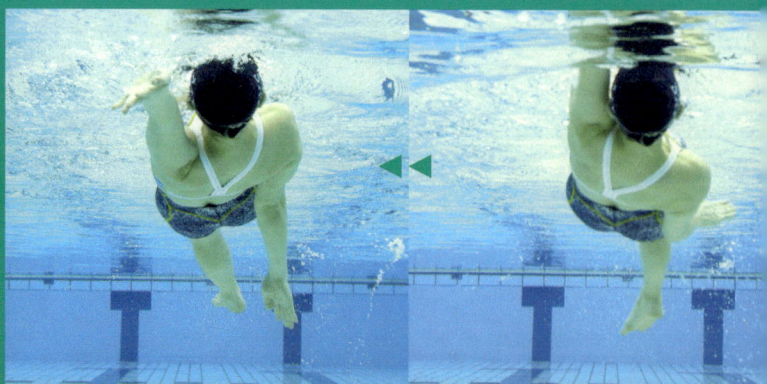

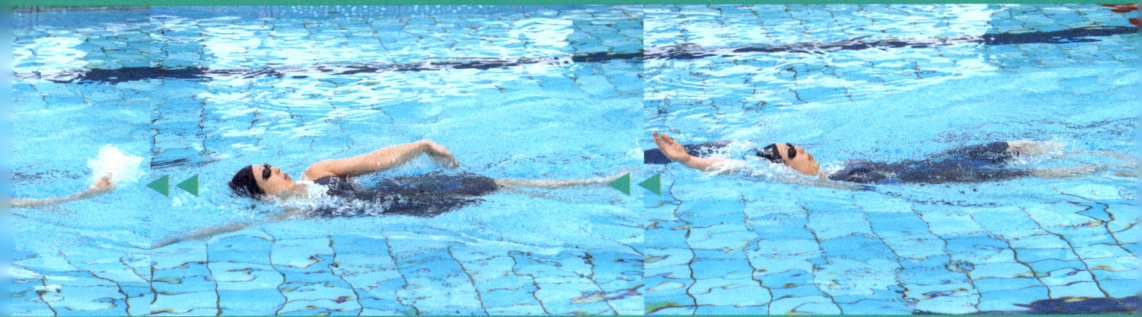

记住接下来介绍的技巧，
尽量模仿这些游泳动作

小指尽量从
远端开始入水

　　在划水时每次划动的距离越长，能抱的水量就越多。如果在抓住的水不流失的情况下将划水动作做到极限的话，可以得到非常大的推力。

　　但是大幅度的划水动作会增加水的阻力。战胜阻力、笔直地划水是有一定难度的。例如，即使能够完成划水动作，但是划水花费了更多的时间，错过了打腿的时机，动作就会出现混乱。

　　最有效率的抱水位置应该是在肩膀的延长线上。只转动手臂的话，入水的位置不会很远，因此划水时要让肩部大幅度地转动。

　　只靠手臂进行的划水的话，在阻力变强时只能靠力量了。但是如果从肩部开始转动的话，就能利用自身的体重向前用力，而且从小指开始入水的话，可以流畅地连接下一次抱水动作。

以肩宽为标准，从双肩的延长线上入水

　　肩宽是仰泳的入水点的标准。手臂的位置在两肩宽度的内侧的话，会增加水的阻力，难以保持正确的姿势。

　　假如身体的轴心没有发生偏移，即使手臂在水中的活动距离加长，也可能配合不上打腿的时机。

　　但是，手臂的入水点越远的话，游泳的动作效率就越高。如果平时的入水点比肩部宽的话，应该记住要在肩部的延长线上从小指开始入水。

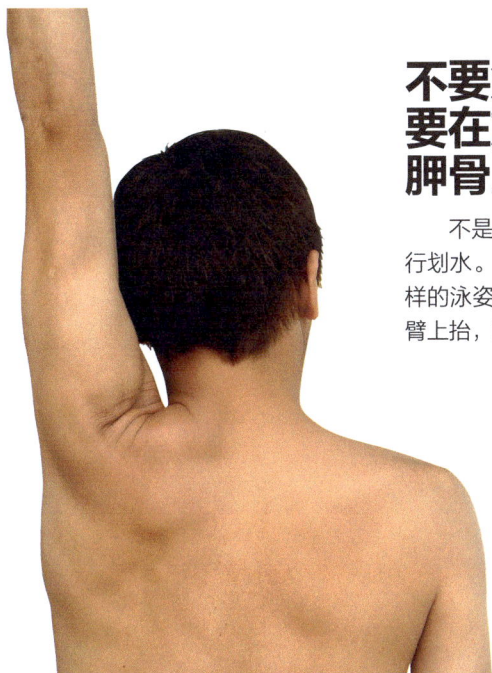

不要勉强地去拉伸肩部，要在放松肩部的同时让肩胛骨上抬

　　不是利用手臂，而是通过肩部的转动来进行划水。可以让上肢自然地放在水上，并以这样的泳姿去游泳。在入水时，要记住不是将手臂上抬，而是将肩胛骨向上抬。

BACK STROKE

抱水动作并不是去划水，
而是将身体乘在水上的感觉

在仰泳的抱水动作中，手心如果不向下转的话，就不能起到抱水的作用。经常会看到一些初学者在入水时从手背开始入水，但这样做之后想要切换成抱水动作会很不方便。

如果从小指开始入水的话，接下来的动作中手心会朝下。这时就像之前进行侧向打腿练习时一样，一边用手心感受到水的阻力，一边向下方压水。

抱水并不是向着自己划水，而是用手去拉过水流，让身体有乘上去的感觉。如果是划水的话，会花费很多臂部的力量。所以要在保持身体左右摇晃的同时，在接下来的拉水动作中让身体乘上去。

需要注意的是，如果手臂太过用力的话，会带动肩部一起用力，令肩关节更加僵硬。这样就不能完成从肩部开始的大幅度的划水了。

抱水时，
手心如果
不向下的话
就不能进行压水

抱水时手心向下，就可以在向下压水的同时，在下一次拉水动作中利用自身的体重来节省力量。如果不让手臂用力，只利用体重就能前进的话，会明显节省体力。

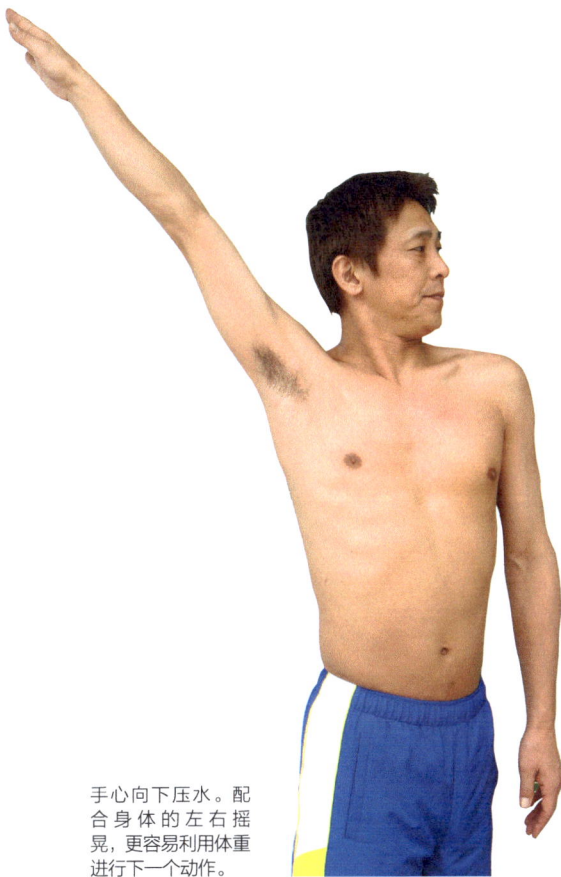

手心向下压水。配合身体的左右摇晃，更容易利用体重进行下一个动作。

经常出现的错误NG

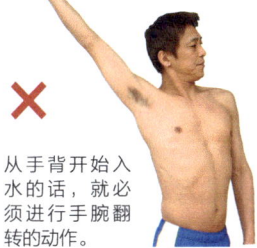

从手背开始入水的话，就必须进行手腕翻转的动作。

训练   侧向打腿

为了逐渐
适应抱水的姿势，
试着做侧打腿练习

总是感觉手臂很累的人可以试着练习一下侧向打腿动作，让手心感受水的阻力，培养压水的感觉。

BACK STROKE

技巧3

稍稍转动腰部，
从肘部开始向下压水

　　为了让抱住的水不流失，要把身体乘在水上。配合着手臂的动作，腰部稍稍扭转，并让肩部下沉。

　　需要注意的是，这时如果手臂向下摆到过深的位置，会使水的阻力变得过大，使手臂更加吃力，这是导致身体的轴心弯曲的主要原因。

　　肘部摆动到肩部延长线左右的位置之后，手心向着前臂内侧去压水，让身体感觉乘上水流。

　　划水时肘部如果弯曲的话，会使水中的手臂打滑，使水流失。肘部到达肩部的高度时弯曲90度，手心与前臂保持一条直线，做出向后方游泳的姿势。

经常出现的错误 NG

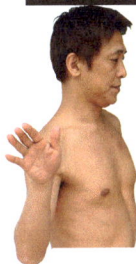

×

如果夹紧腋下
的话，会使水
流失

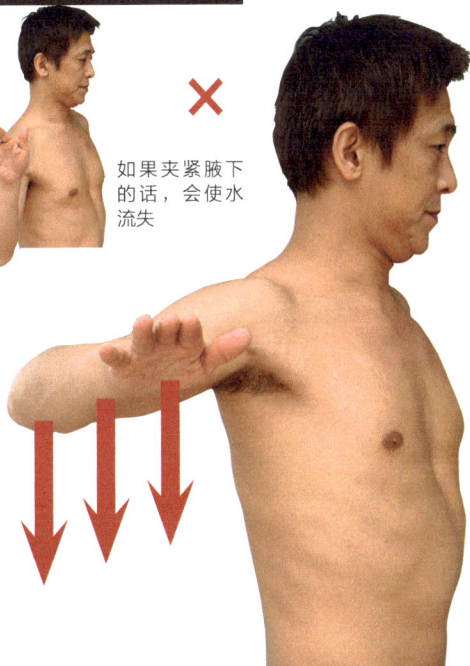

肘部抬起90度，通过前臂与手心让身体乘上水流向前移动

在拉水时，利用从手心到肘部的前臂去拉水，将身体抬起。这是划水动作中受到阻力最大的一瞬间。此时不能通过手臂的力量去划水。

肘部抬到肩部高度的位置后，腋下张开。要注意的是如果过快地收紧腋下的话，好不容易抱住的水就会流失掉。

让身体乘上前臂动作
形成的水流

训练	双手划水与单手划水

为了能牢牢地抱水，要进行划水的强化训练

●双手划水

试着双手同时划水。如果不注意去从肩部开始划水的话，手臂就不能自由转动。不能很好完成这个动作的人可以试着让手臂放松，有意识地控制肩胛骨的动作。

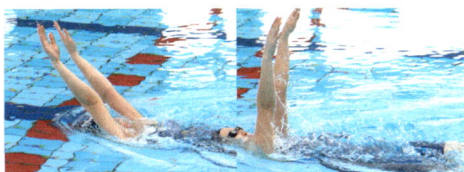

在水中通过双手手心与前臂来感受水的阻力，并让身体向前乘上水流。

●单手划水

试着单手上抬，只靠另一只手来划水。如果在做拉水动作时不能笔直压水的话，就不能笔直地游动。这样的话，需要再检查一下自己的姿势是否正确。

过早地夹紧腋下或弯曲肘部，都会改变游泳的方向。

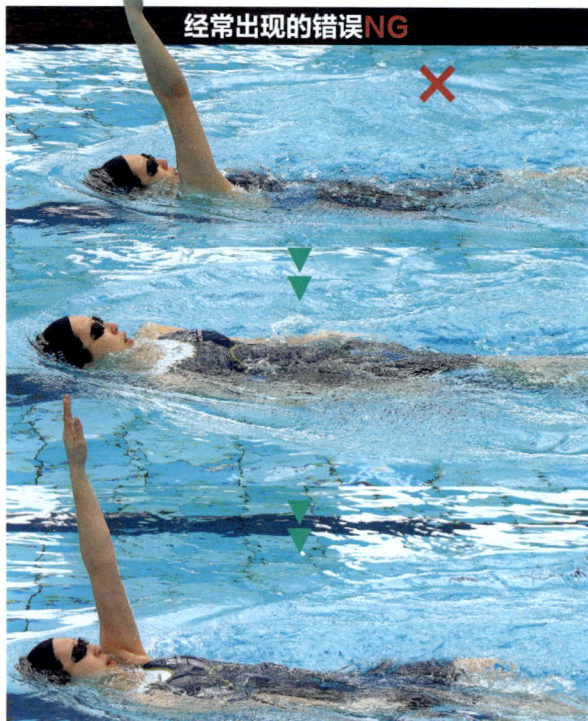

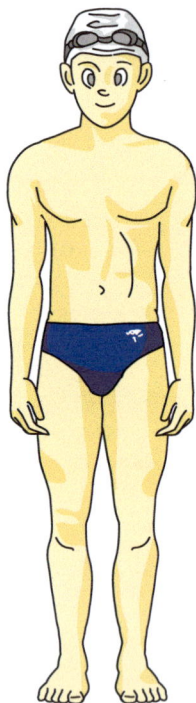

经常出现的错误NG

技巧4

注意不要让动作变成"立正"的动作

仰泳的划水动作，不可能发生双臂做相同动作的情况。经常能见到有些人在无意中就错过了划水的时机。

如果自己没有注意到的话，光用语言来描述是很难理解的。为了检查自己的姿势，最重要的是要先慢慢游。

有很多人平时觉得自己游得还不错，但是慢慢游时就经常出现划水的时机不对的情况。其中很常见的就是许多人在动作结束的一瞬间双手摆到相同的位置，让双臂变成了"立正"的动作。

而且很多手脚动作混乱的人，一旦慢慢地游就会出现"立正"的动作。

在以普通的速度游泳时，全身都在运动，所以可能注意不到。但是只要速度稍稍慢下来，慢慢地去游的话，肯定会发现自己的问题。

划水的过程中双手经常摆到相同位置的人要进行双臂轮流划水训练

　　双臂动作容易变成"立正"姿势的人，可以试着将双手在头顶上方伸直，来进行双臂轮流划水训练。一只手保持前伸时，另一只手做划水动作。这只手摆动到头顶上方位置时，另一只静止的手开始划水。

　　本练习可以使人忘记手臂从下面划水的动作，以此纠正"立正"的错误。

1
左手上抬的同时只用右手去划水

2
右手在头顶的位置上静止，等待左手

3
双手都在头顶的位置上

4
右手上抬的同时，左手开始划水

5
左手不要下沉，保持在头顶的位置

6
双手都在头顶的位置，之后左手再次划水

BACK STROKE

● 左手入水 → 呼气（吸气）

吸～

● 右手入水 → 吸气（呼气）

呼～

技巧5

配合着入水
来练习换气

仰泳时面部是一直朝向上方露出水面的，即使如此也并不是随时可以呼吸的。

在仰泳时，如果鼻子里进水的话会感到很难受。但是了解了呼吸的时机与方法的话，就不会再有这种烦恼了。

仰泳的呼吸是配合着入水动作进行的。比如，右手入水时吸气的话，在左手入水时呼气。

在恢复动作中，如果手臂处于面部上方时就进行呼吸的话，很可能会让鼻子里进水或呛到水；如果是入水时进行呼吸，这时身体是朝上的状态，所以水花不会那么多。

而且与其他三种泳姿不同的是，由于仰泳是一直面向上方，所以呼气时也容易用嘴呼气。一定要谨记用嘴吸气、用鼻子呼气来进行呼吸。

即使面向上方也要用嘴吸气用鼻子呼气，这是最基本的

在仰泳中进行呼吸时，很容易去用嘴进行呼气。正确的方法是在要入水时张开嘴进行吸气，之后闭上嘴，配合着另一只手入水的动作，用鼻子进行呼气。有节奏地进行"吸气→闭嘴→呼气"这三项动作的循环。

初学者可以轻轻地捏住鼻子来进行练习

经常会鼻子进水的人可以在吸气时轻轻地捏住鼻子进行"吸气→闭嘴→呼气"的呼吸练习。然后趁着还没忘掉这个感觉时，放开手进行呼吸。

多练习几次的话就会逐渐习惯，不论是谁都能做到。

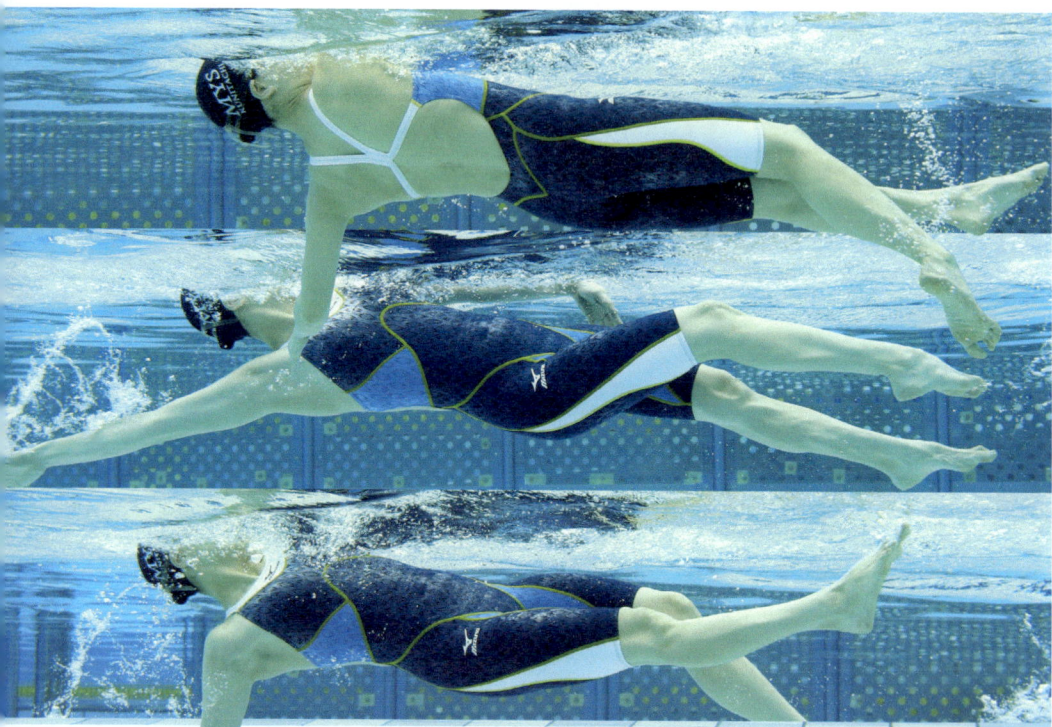

技巧6
灵活地使用脚踝，
顺畅地进行打腿

　　打腿时很重要的一点是不要过于用力。听到要"从大腿根部开始到脚尖整条腿像鞭子一样柔软地进行打腿"，很多人可能会一味地增加打腿的幅度。

　　柔软地打腿的话，确实会增加摆动的幅度，但是不必特意去加大幅度。在非常放松的状态下受到水的阻力，膝盖会自然弯曲，伸展脚踝。

　　如果有意地去加大腿部摆动的幅度的话，肌肉会更加用力。腿部肌肉如果用力的话，会带动股关节一起用力，这样会令腿部的动作更加僵硬。股关节如果不能灵活运动的话，动作将失去节奏感。

　　打腿的方向还是配合着身体的左右摇晃进行变化。下肢没有必要一直朝向上方。如果将股关节固定不动的话，会将应该左右摇晃的上肢一直保持朝向上方，这样会影响到全身的游泳动作。

像在浴池中 踢水泡一样 去运用脚踝

打腿时脚踝的动作，好像是用脚轻踢浴池或温泉中冒出的水泡的感觉。

这时没有必要伸直脚踝，如果脚踝放松的话，水的阻力自然会使膝关节弯曲。但是如果过于用力的话，腿部的动作会妨碍身体的左右摇摆。

注意不要让 动作变成 "自行车式打腿"

虽说双腿的动作要保持柔韧性，但是也没有必要特意弯曲膝盖。只要肌肉放松，膝盖自然会弯曲的。

过于注意这一点的话，会使膝盖在弯曲的状态下踢出去，使动作变成"自行车打腿"。要尽量避免这种动作。

●开始左侧打腿  ●开始右侧打腿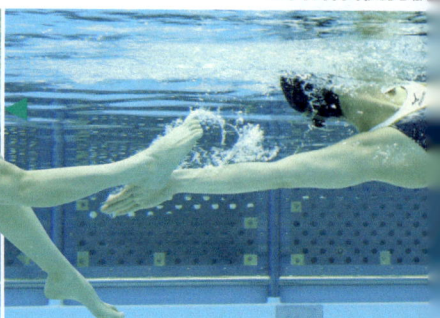

●开始右侧打腿  ●开始左侧打腿

记住6步动作，
掌握打腿的节奏

　　仰泳的打腿与自由泳一样，要记住6个步骤。一只手划水的过程中，要进行3次打腿。

　　首先，在一侧的手入水的同时，另一侧的腿进行打腿。之后在抱水时，与手臂同一侧的腿进行打腿。随后，配合着划水动作中负荷最大的拉水动作，另一只腿开始进行打腿。

　　如果能够有节奏地完成动作的话，肯定能自然地找准动作的时机。也就是说，要让这些游泳动作成为身体最自然的动作。

　　感觉到时机有些不对的话，要试着配合着入水的动作去找到节奏。要注意，太过专注于打腿的次数反而会导致节奏错乱。

右手划水

●开始右侧打腿

左手划水

打腿的节奏与手的动作

右 手	左 手	右 腿	左 腿
入水	完成	-----	开始打腿
抱水	恢复动作	开始打腿	-----
拉水	恢复动作	-----	开始打腿
完成	入水	开始打腿	-----
恢复动作	抱水	-----	开始打腿
恢复动作	拉水	开始打腿	-----

　　配合着划水动作，要记住从入水动作开始，腿部按照3拍的节奏完成动作。这样就能自然地让划水与打腿动作相配合。能做到有节奏地游泳的话，就是可以用正确的姿势进行仰泳的最好证明。

VASALLO

在入水与转身时，
使用蝶腿潜泳进行加速

在入水与转身之后，利用蝶腿潜泳进行加速。如果想要参加比赛的话，能做到蝶腿潜泳就可以大大地提高游泳的速度。

蝶腿潜泳就是在双腿并拢的状态下，通过腰部的上下运动在水中前进的打腿技巧。身体朝向上方，就好像是在做蝶泳中的海豚式打腿。

重要的是双手在头顶上方并拢，身体水平，保持在受到水的阻力最小的姿势进行打腿。

蝶腿潜泳时，鼻子中的空气要一点点地呼出，在经过15米左右时浮出水面，用嘴进行吸气，随后恢复一般动作时的呼吸方式。

在入水和转身时，用力蹬壁，利用这个趋势一口气在水中进行加速。

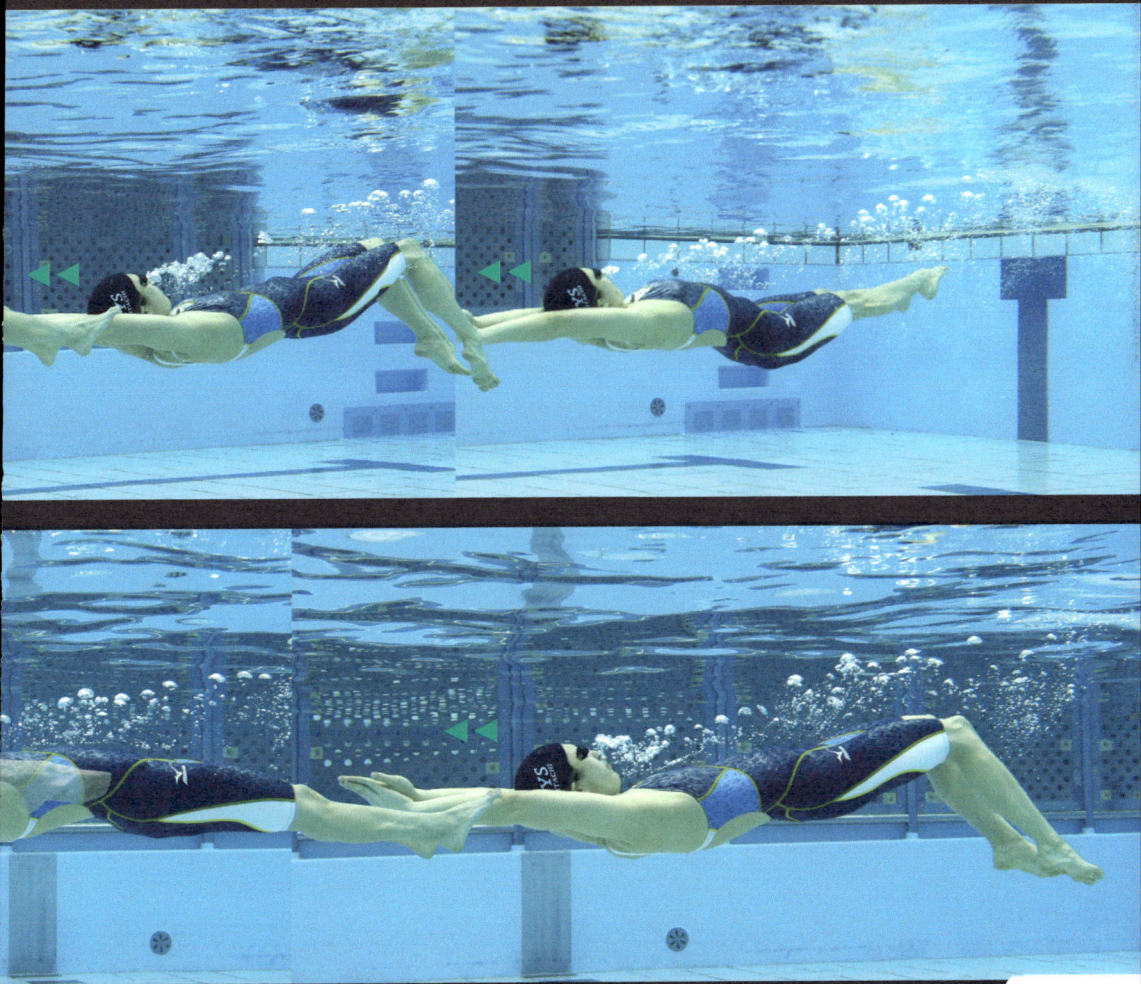

TURN

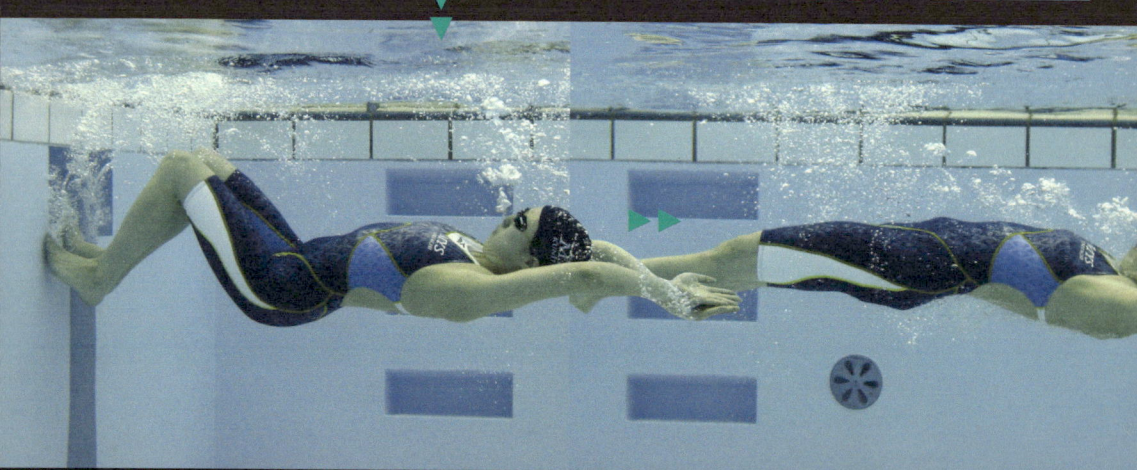

44

◀◀

在转身面向下方时，通过一次抱水的力量进行翻转

在仰泳的转身时，身体要在一段时间内面向下方。这里要注意的是转身之前如果不先吸足气的话，在之后的蝶腿潜泳动作时就不容易控制呼吸。

入水动作之后，以另一只手臂的抱水动作为开始，进行转身。利用这次抱水的力量使头部下潜，随后翻转身体。

翻转之后笔直地蹬壁，连接之后的蝶腿潜泳动作。要注意在蹬壁时，蹬壁的位置不要过于靠上或者靠下。如果位置偏了的话，身体会在打腿动作之后过于下沉或者上浮。

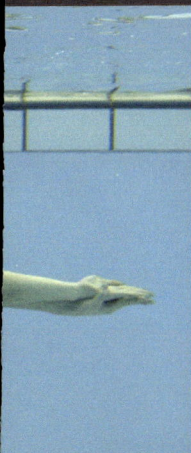

START

在入水时
尽量跳得更高，
身体从一点进入水中

仰泳在入水时不像其他三种泳姿需要用到跳台。一般是抓住跳台下摆的横杠，通过蹬壁来开始。

但是在具备跳台的泳池中，有时也可以抓住泳池边缘来进行练习。

双手抓住泳池边缘，用大脚趾到前脚掌部分蹬壁。因为身体的上半部分是露出水面的，所以笔直地蹬壁会使后背受到水的很大阻力。

这里的重点是要稍稍向上蹬，让身体从较高的位置进入水中。蹬壁之后双手立刻在头顶处并拢，做出减少水的阻力的姿势。

一开始在指尖碰到水面的位置上，将水面打开一个洞，全身从这一个洞进入水中，并下潜。这里要注意一下，如果潜得过深的话，浮上来会消耗更多时间。

游泳用具进行
正确的护理了吗?

**因为泳衣、泳镜、泳帽是消耗品,
所以在使用过程中橡胶弹力减小、变脏是不可避免的。
但是刚买了没多久就出现各种问题的话,
应该是护理方法出现了问题。**

结束游泳回家之后,很多人首先就是把泳衣和泳帽放到洗衣机中去洗,然后与其他洗完的衣服一样去晒干。这样做肯定会伤到泳衣。

泳衣只用手洗就足够了。热水或洗衣粉等都是造成弹性纤维损伤的原因。深色的泳衣变得发白,并不能说是单纯的掉色。因此在晾晒时一定要放在背阴处。

对于硅胶制的泳帽或泳镜的带子等有弹性的物品,在手洗并晾干之后,如果涂上一些爽身粉的话可以让弹性更持久。对于泳镜,也经常会用一些中性洗涤灵来清理镜片内侧。

可能有许多人对于游泳用具的保养产生了误会。这对于那些经常游泳的人只不过是常识问题,但是实际上也没有多少人了解这些,所以很容易被大家忽视。

PART 2

优雅舒适地

游蛙泳

蛙泳

从蛙泳的姿势来看，在进行长距离游泳时往往采用蛙泳，而且在游泳时头部可以一直露出水面，因此很多人认为蛙泳是非常容易掌握的。

但是，如果在游蛙泳中想提高速度的话，会比预想的难得多，因为游蛙泳时身体正面要向前，因此受到的阻力也最大。如果看一下游泳速度的话，在四种姿势中，游蛙泳是最需要时间的。所以大家应该明白，提高蛙泳的速度不是一件容易的事。

但是，正因为水的阻力比较大，游泳的姿态也最稳定。如果不需要快速游动的话，游蛙泳可以坚持很长的时间。

很多人认为只要动一动身体就可以长时间地游蛙泳，而且蛙泳的姿态很容易掌握。但实际上并不是那么简单。

首先应该掌握正确的蛙泳姿势，然后再挑战快速地游蛙泳。

特征 1 容易受到水的阻力

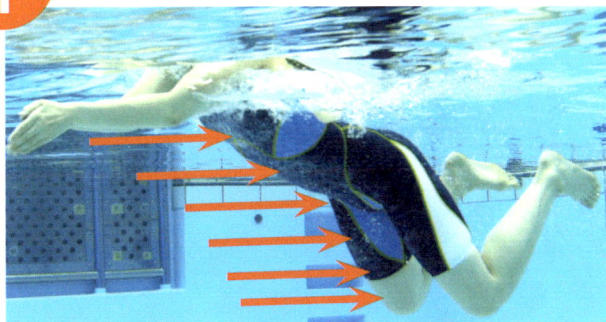

　　因为身体面向正面，所以会受到很大的水的阻力。虽然阻力大容易保持平衡，但是前进却不太容易。如果鲁莽地加速的话，不一会儿就会很累。

　　如果为了减少阻力而抬高双脚的话，身体会向后弯成弓形，给腰部造成很大的负担，令打腿失去推动力。

特征 2 谁都可以轻松地上手

　　因为蛙泳的姿势很稳定，所以无论是谁都可以抬起头来游，对水有恐惧感的人也不会产生对呼吸的不安。由于是朝向正面，所以心里比较放心。而且蛙泳在四种泳姿中是能持续最长时间的。

　　虽然让人觉得并不难掌握，但是实际上能保持正确姿势的人却很少。

BREAST STROKE

记住"手臂的动作"与"呼吸"的配合

　　首先让我们记住手臂的动作。可以一边进行蛙泳的划水动作，一边在水中跳跃前进。如果还不太习惯面部碰到水的话，一开始可以试着在水的深度到肩膀的地方练习。

　　双手配合着跳起的时机，试着进行抱水动作。通过反复进行这些动作，使身体前进。还可以尝试在水中用脚尖站立。但是要注意，不是直着向上跳，而是稍稍向前跳。

　　慢慢地将上肢浸入水中，在伸展手臂的同时，试着稍稍向前抱水前进。

　　习惯之后，试着憋一口气，然后将头部也潜入水中；吸一大口气，在手臂向前伸出时，面部碰到水面，然后从鼻子"咕噜咕噜"地将空气呼出的同时进行跳跃。

　　抱水结束之后，双手合十，再次吸气并潜入水中，反复进行练习。这些动作都能完成的话，蛙泳的呼吸方法也就几乎掌握了。

BREAST STROKE

手臂伸出时，要注意手心的朝向

　　双手合十向前伸出时，手心要并拢。与推力相反，手臂向前伸出的动作中要尽量减少水的阻力。

　　有时会看到一些人双手张开进行抱水，那些动作是错误的。手臂伸出之后，手心再向外张开，才是正确的姿势。

经常出现的错误NG

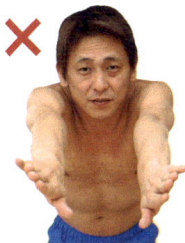

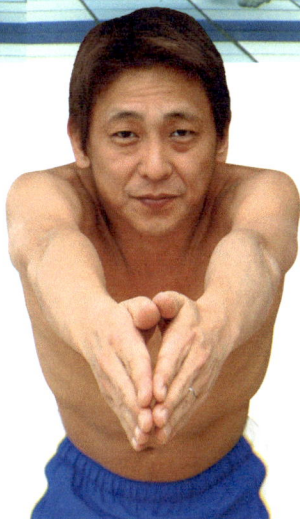

首先是大腿根部
充分地进行弯曲打腿

接下来是打腿的练习。首先是在陆地上以站立的姿势试着用每一条腿进行单腿打腿的练习。

扶着墙壁之类的物体，一条腿慢慢地抬起。大腿根充分弯曲，让脚后跟靠近臀部。

接下来让抬起的腿稍稍向身体外侧踢出。试着在身体的外侧用脚后跟画一个大大的半圆。

踢出时如果脚踝伸直的话会踢到地面。应该是在脚踝弯曲的状态下，以用脚跟去踢边上人的胫骨的感觉来进行打腿练习。

但是如果整条腿都去用力的话，动作会变得不流畅。为了不让脚踝伸直，就要抬起脚尖，这样的话小腿的肌肉多少都会用一些力量，但是不必太介意。在放松整个腿部的同时，让两条腿充分得到练习才是最重要的。

从泳池边的
打腿练习开始

扶在墙壁等物体上，身体直立，进行单腿打水练习。将"脚跟靠近臀部"、"横向张开"、"踢出"、"双腿并拢"这四个步骤有节奏地反复进行。两条腿要轮流进行练习。

大腿根充分地弯曲，脚后跟靠近臀部

保持脚踝的角度，脚掌朝向外侧

经常出现的错误 NG

注意不要在股关节伸展的同时进行打腿。如果打水时脚尖向下的话，实际游泳时这个力量传不到水中。

✗

BREAST STROKE

掌握用脚掌将
水向后推的感觉

　　蛙泳的打腿动作是利用脚掌将水向身后推。脚掌如果感觉不到水的阻力的话，打腿的效果肯定不会很明显。

　　但是，提到脚掌的感觉，到底是笔直地推出去的感觉，还是在水中滑过的感觉呢，初学者肯定不会知道。

　　所以，我们接下来就要试着在水中进行打腿的练习。在陆地上扶着墙进行的练习，现在要移入水中进行。尝试各种踢腿的方法，试着去感觉脚掌的不同感受。

　　渐渐地抓住正确的感觉，之后坐在泳池边上，试着用双腿进行练习。脚后跟不能碰到臀部，所以让它向后靠近泳池壁。随后活动双腿，在水中画大大的圆形。

　　踢腿时试着伸直脚踝，同时双脚并拢。在接触到泳池边时再次弯曲脚踝。

用脚掌去
感受水的阻力

现在一起来尝试腿部的各种动作，应该可以明白充分抱住水时的感觉与用脚在水中滑过的感觉的不同。使身体记住这个感觉，令之后的动作变得更加正确。

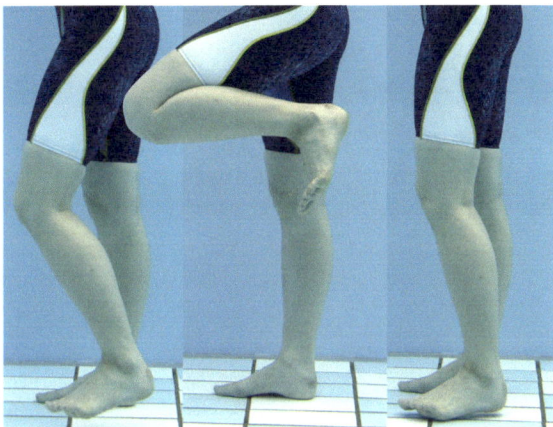

坐在泳池边，
试着让双腿
大幅度地进行摆动

在进行打腿动作时用双腿试着画大圆。脚掌踢出之后，伸展脚踝的同时双腿并拢。之后让脚跟向后，靠近墙壁，脚踝自然弯曲。请把这一系列动作练习熟练。

1 浅坐在泳池的边，伸展脚踝，双腿并拢

2 脚踝自然弯曲的同时，脚后跟向后靠，直到贴到泳池壁

3 脚掌将水向外推出，并画圆

4 脚踝伸展的同时，双脚并拢，回到最初的状态

BREAST STROKE

掌握放松的大幅度打腿动作

接下来进入到泳池中，试着用接近实际蛙泳的姿势进行打腿练习。

抓住泳池壁，向后进行打腿。这里希望大家注意的是，如果仅仅是正常的用双手去扶着泳池壁的话，双腿会下沉。姿势出错的话，会无法找到正确的感觉。

尽量不要让腿部下沉，单手放入水中，在下方支撑住泳池壁，让上肢保持接近水平的姿势进行练习。

面部可以抬起来，但是需要注意的是，面部抬得太高的话，会让身体向后仰，使打腿变得困难。脚掌朝向后方，充分地将水向后推。

在蛙泳中最能获得推力的动作就是打腿了，所以只要打腿的动作能正确进行，就相当于掌握了蛙泳。所以一开始就要好好地进行打腿练习。

要注意不要向后去拉腿，腰部不能下沉

在水中即使用手来支撑、双腿也会下沉的人，有可能是因股关节没有弯曲导致的。需要注意的是，太过注意脚跟靠近臀部这个动作的话，会让动作变成用脚面进行打腿。

经常出现的错误NG

脚掌朝上会让下肢下沉

打腿时用脚掌去感受水的阻力，做画大圆的动作

脚跟靠近臀部之后，脚踝弯曲，脚尖朝向外侧，使脚掌朝向后方。这就是通过打腿动作抱水的瞬间。

为了让抱住的水不流失，双脚的脚跟要用画圆的动作向着后方推出。这个时候如果是笔直地推出去的话，水就会流失掉。打腿时应该想象对抱住的水用双腿夹住的感觉。

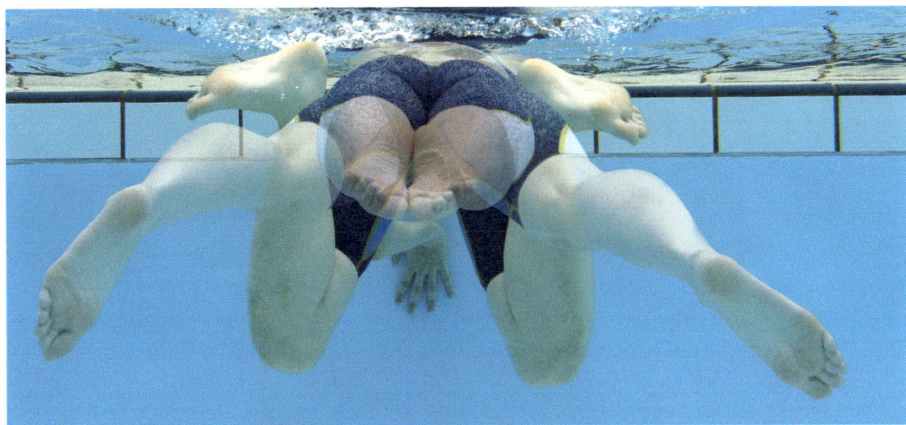

记住正确的
呼吸时机

　　蛙泳的呼吸时机是在打腿动作结束后、手臂恢复动作开始的瞬间。在腿部伸展、双手并拢时吸气才是正确的。

　　经常会看到许多人在手臂向前伸出时进行呼吸，但是这之中的大部分人在打腿的时机上都是错误的。

　　要谨记，头部在入水之后才能弯曲膝盖。而且在进行打腿动作时，上肢要保持水平，必须将水的阻力降低到最小。蛙泳就是要通过打腿的力量在水中前进。

　　呼吸如果太迟的话，会变成打腿的同时头部进入水中。好不容易通过手心并拢将水的阻力降低，但因为面部受到很大的阻力，从而导致打腿动作不能有效地转换为前进的动力。所以要注意，这样做并不会向前进，只会让自己变得更累。

正确的动作是在打腿动作结束后进行呼吸，头部进入水中之后再弯曲膝盖

打腿动作结束、腿部完全伸展开之后，划水的动作结束，进行恢复动作。上肢浮起的瞬间进行呼吸。

手臂向前伸出时，面部必须要进入水中。手臂完全伸展开时，膝盖开始弯曲，头部的位置保持在水下。

呼吸的时机如果错误的话，很难向前进

人的身体在运动时，手脚更容易完成相同的动作，所以经常会看到呼吸得太迟的人的手脚通常是一起进行弯曲的。

这样会让好不容易通过打腿获得的推力不能很好地发挥出来。实际去试一下的话就会知道这样是很难向前进的。

经常出现的错误NG

这样的打腿动作很难向前进

BREAST STROKE

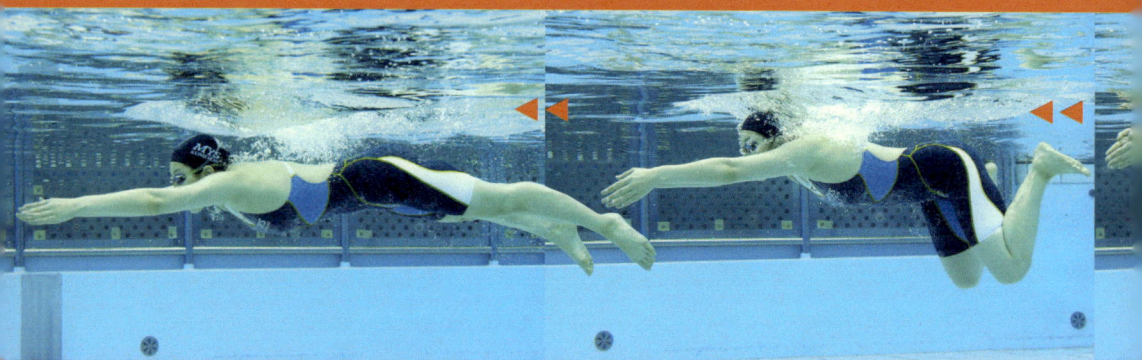

学习水平式蛙泳

掌握了之前学到的知识，来试着游一下蛙泳吧。可能会有很多人发现比起之前更加轻松了。掌握了基本方法之后，让我们来掌握更有效率、更快的游泳技巧吧。

掌接下来介绍的技巧，
更接近完美的泳姿

蛙泳的划水动作是
"大幅度抱水，小幅度收回"

要记住蛙泳的划水动作基本上就是"大幅度抱水，小幅度收回"。

开始时用手心抱住的水，在不让其流失的情况下，慢慢地将手臂张开。最初控制水流要通过手心，之后慢慢地扩展到整个手臂，将手臂左右张开。这时如果水流控制得当的话，抱水的动作应该不会很快。

在肘部到达肩部两侧的位置时，双手开始内收，利用肘部以下的部位抱水，将水向腹部集中。进行这个动作时的重点是要迅速地翻转手心。在这一连串动作之后，手心并拢向前伸出，完成恢复动作。

蛙泳虽然是向前进的泳姿，但是不论划水动作还是打腿动作都需要在水中进行恢复动作，这会让我们感觉动作之间有些矛盾。如何减小水的阻力，才是能否提高速度的关键。

大幅度地抱水时要慢，防止水的流失

蛙泳的划水动作的速度并不是固定的。感受到水流阻力的同时，大幅度地抱水时手臂的动作不要太快。

即使想要加快速度，如果太用力地去抱水，也会因为水流的阻力导致手的动作打滑。蛙泳主要是在打腿时前进的泳姿，因此不要着急，要用心地去慢慢地进行划水动作。

为了减少水的阻力，要迅速地完成恢复动作

与抱水动作相反，在恢复动作时重点是不要浪费时间，手臂要快速收回。因为此时身体稍稍直立，所以想要加快速度的话，需要将接受阻力的时间减少到最短。

蛙泳时的划水节奏是"慢慢抱水，快速恢复"。弄清动作的要点，泳姿才会有张有弛。

双臂恢复时夹紧腋下，降低水的阻力

在进行恢复动作时，通过加快划水动作的速度迅速地恢复，可以让水的阻力增加的时间变短。此外，为了降低水的阻力，要试着给姿势加一些变化。

张开手臂时，向身体的左右大幅度划水，将身体向前乘上水流。但是在手臂收回到前方时，如果还是采用同样的姿势的话，身体就会渐渐直立起来。

在进行恢复动作时，要夹紧腋下，让身体动作变小。夹紧腋下时，稍稍将身体放松，让身体尽量收缩，直到打腿时再将姿势恢复过来。稍稍弓背可以不让身体立起来，并且在进行恢复动作时能减少水的阻力。

重要的是将身体在水中滑过的感觉。头部下潜、弯曲膝盖时伸展脊柱的话，就能够发挥出打腿的力量。

改变姿势，稍微弓背，恢复动作会变得更加流畅

恢复动作中夹紧腋下时，肘部不应处于身体的外侧，如果稍微靠前的话，可以让身体动作更加收缩。

稍微弓背可以更简单地完成这个动作。记住这个动作，可以让你的蛙泳技术更上一层楼。

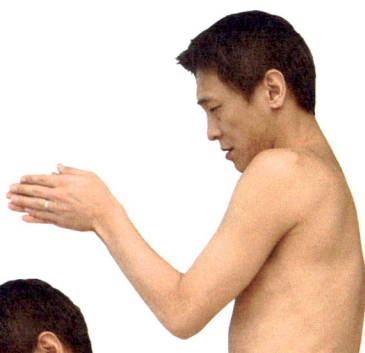

夹紧腋下，稍微弓背，双手并拢

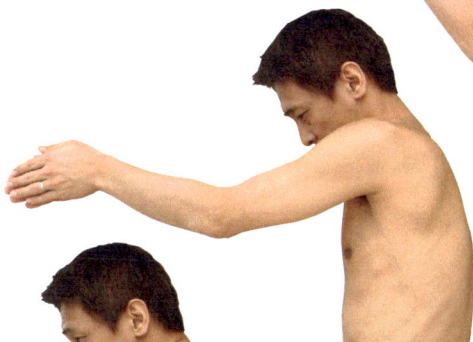

让身体动作收缩，将手臂向前伸进行恢复动作

手臂完全伸展后，恢复笔直的姿势

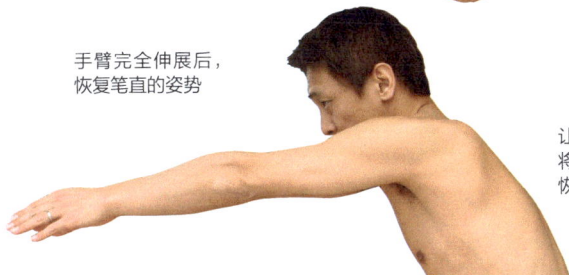

试着去放松手臂并收紧双肩

胸部在张开的状态下，不容易去夹紧腋下。如果想要快速夹紧腋下的话，使用力量反而会将胸部扩张。

不清楚夹紧腋下方法的人可以试着放松手臂，稍微收紧肩部，这样腋下就可以自然地夹紧了。

经常出现的错误NG

手臂太用力会使腋下不能夹紧

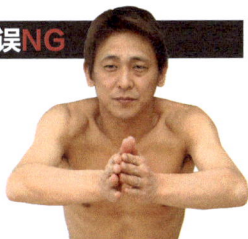

打腿是用脚掌
用力将水向后踢

到现在为止，我们已经练习过腿部的各种动作了，但是实际去游一下才会发现，必须要做的动作还有很多，比如划水动作或呼吸的节奏等。这些动作一起练习时很容易忘记脚掌的感觉。

虽然很好地完成了身体的动作或者划水动作，但是感觉依旧不能提高速度的话，就要试着再次有意识地感受一下脚掌的感觉。

特别是想要改变身体的动作的话，尝试了各种动作后，不经意之间脚掌就变得朝向上方了。

手臂收回，头部下潜之后进行打腿，试着以比平时更长的时间去保持这个姿势。如果这样做还不能前进的话，原因肯定就是脚掌朝上了。

大腿根如果没有足够的弯曲的话，一定会让脚掌朝向上方。再一次回想将水推出去的感觉，用脚掌将水向后推出吧。

弯曲膝盖时注意脚掌不要朝向上方

　　为了减少水的阻力而将身体动作收缩之后快速潜下去的话，很容易令大腿根伸展开。

　　这样会很容易使脚掌朝向上方。在这种状态下进行打腿，就会变成用脚面打腿的"剪式打腿"动作。"剪式打腿"会令腿部动作在水中打滑，不能正常前进。

经常出现的错误 NG

这是脚掌朝向上的"剪式打腿"动作。在这个状态下进行打腿的话，会让动作变成用脚面踢水。

训练	上踢

通过向上方打腿来掌握腿部的动作

　　双手在头部上方并拢，面向上方，试着用蛙泳的打水方法前进。

　　在面向上方的状态下拉伸腿部、容易令臀部下沉。如果不能很好地用脚掌去压水的话，几乎不能向前进。

　　这个方法很适合检查打腿动作是否正确。

打腿时的重点
是将重心向前移

　　在蛙泳或蝶泳这类频率类的游泳方法中，身体重心的前后移动是很重要的。游蛙泳中打腿时，请将重心向前移。

　　完成划水动作后身体稍稍有些立起时，重心的位置是在后方的。随后手臂进行恢复动作，在进行打腿的同时将重心向前移。

　　这里重要的是，进行恢复动作时要让身体稍稍倾斜向下潜。这样在进行恢复动作时手指尖一定是朝向下方的。

　　人类身体的结构决定，上肢在水中是容易上浮的。所以在水中时，即使想要保持身体的水平状态，上腿也会下沉。所以如果将指尖稍稍向下方前进，会比想象中潜得更深。但是要记住，实际上这样做才是正确的姿势。

不是去踢水，重要的是将重心向前移动

　　如果有踢水的感觉，会不自觉地使躯干用力，不能笔直地打腿。

　　这时要保持用脚部去拉动水流，将自身重心从后向前移动。因为移动重心的话，作为前端的指尖就必须要在比身体低的位置上。

　　头部完整地进入到水中，试着通过打腿的力量下潜的感觉。

指尖抬起的话，会因为打腿使身体上浮，不能前进

　　指尖的位置过高时进行打腿的话，会导致身体向上浮。即使通过打腿很好地抓住了水，也会因为阻力变大的原因，不能顺利前进。

　　这个姿势当中，虽然下肢是下沉的状态，但是在过高的位置进行打腿，会使身体向后仰。当然，这个情况下脚也不能很好地抓住水。所以就更不容易前进了。

经常出现的错误 NG

✕

蛙泳在打腿之后，
能快速向前推进

　　蛙泳的动作中，最能加速的就是在打腿之后身体保持笔直的这段时间。因为从打腿动作中得到的大量的推力，在这时转换为前进的速度。重要的是身体要保持笔直的姿势。

　　现在看一些不能从容游泳的人，几乎做不到在游泳时的伸展滑行，手臂伸出之后，立刻就开始进行抱水动作。

　　失去了在蛙泳时最能轻松快速前进的因素，当然不可能提高速度。在本来就不顺利的前进动作中，勉强加速，自然很快就会感觉疲惫。

　　试着在打腿动作之后，稍稍坚持一下，让速度一下提升起来，再慢慢将面部抬起来，肯定能比想象中更轻松舒适地在水中前进的。做到这一点的话，就不会有以往的那种很费力的印象了。

打腿之后，
将姿势变为能
减少阻力的流线型

身体笔直伸展开的流线型，是在水中阻力最小的姿势。

让双手并拢，从水中滑过吧。

增加伸展的时间，
舒适前进

从伸展滑行，到开始抱水之前，双手再向前伸展一段距离之后开始抱水。身体在水中接近水平时，再将手向前拉伸一段距离。这样能让泳姿变得更漂亮。

抱水动作

抱水动作中手腕向外弯曲，向着斜上方抬时将肘部立起来

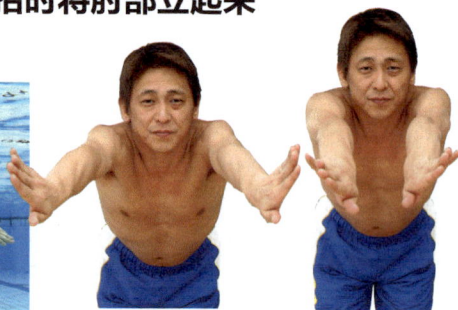

学习波浪式蛙泳

　　现在开始来掌握能提高速度的蛙泳动作吧。之前介绍过的泳姿称为"水平式蛙泳"，而现在我们要介绍的这种被称为"波浪式蛙泳"。这个泳姿如名称所示，好像是波浪一般在身体上下运动中进行。虽然要做到这种动作的技巧很重要，但是自身的力量也是必须的。

　　在进行恢复动作时，利用背部肌肉将身体抬起。而且要进行划水动作时也要有张有弛，所以对身体是很大的负担。

　　为了将水的阻力降到最低，实现更有效率的抱水，通过身体积蓄的力量向前推进，所以对于姿势的要求也更加严格。遗憾的是，关于力量练习，在本书中没有篇幅进行介绍。

　　接下来介绍"波浪式蛙泳"所必须的技巧。虽然是很需要体力的动作，但是如果精通的话，是可以大幅度提高速度的。

恢复动作

肩部上抬并弓背，
在水上进行恢复动作

打腿动作

使用膝盖下方的
部位进行小范围的打腿动作

伸展滑行

从更高的位置
一口气进入水中

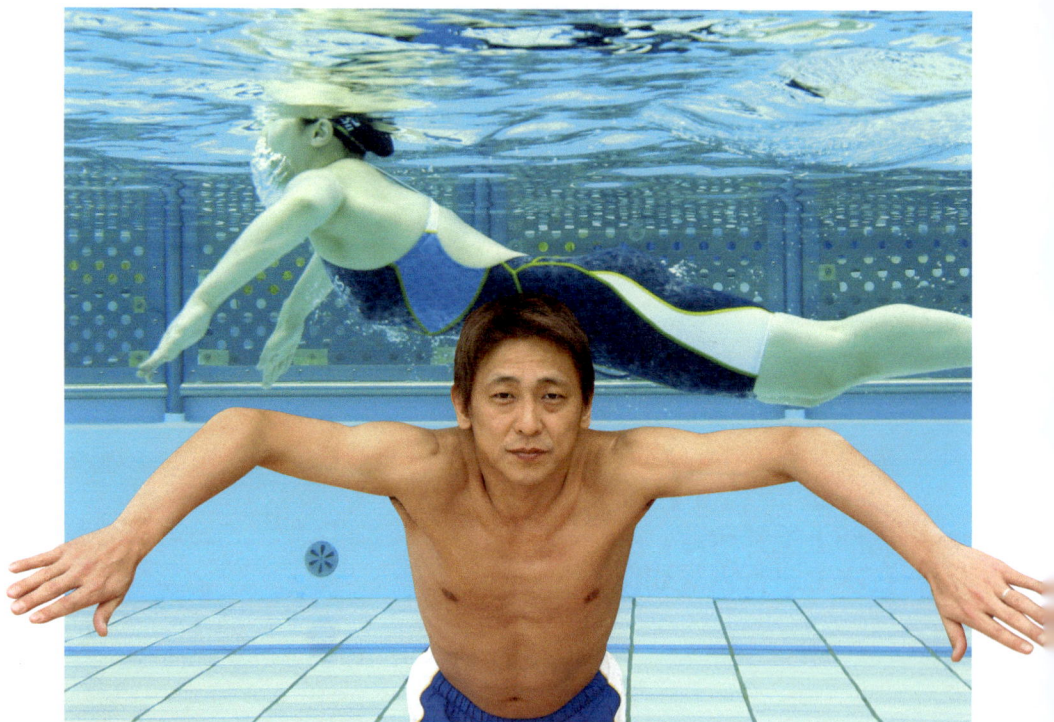

肘部立起，
提高抱水的效率

　　波浪式的划水动作中，很重要的一点是要让肘部充分地立起。而且仍然要坚持大幅度抱水，小幅度收回的原则。但是因为是上下的大幅度运动，所以手臂的动作多少会有一些变化。

　　首先是抱水时，手腕要向外侧弯曲，双手展开将水向斜上方推出。双手展开到大约90度的位置时，将肘部立起。用上臂将手心抱住的水完全包住。

　　通过上臂的动作，将身体乘在水上。这里要使用的是胸大肌的力量。用手抱水时，很容易倚靠手臂肌肉的力量，但是会承受不住水的重量。抱水时利用手臂的肌肉虽然没有问题，但是要有意识地让动作在慢慢靠近躯干的同时使用胸大肌的力量。

　　这里需要注意的是在立起肘部时，肘部位置如果比手更低的话，不能有效地抱水。

立起肘部，
让身体乘在
抓住的水上的
感觉是很重要的

　　转动手腕并立起肘部，不要让抱住的水流失。之后让身体乘上去，在抱水动作结束之后，让手臂快速向内侧回收。

手心朝向外侧时，手腕弯曲进行抱水

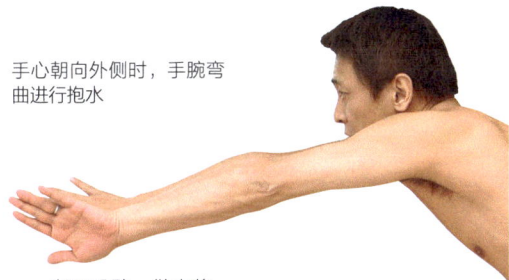

张开手臂，做出将抓住的水向斜上方推的动作

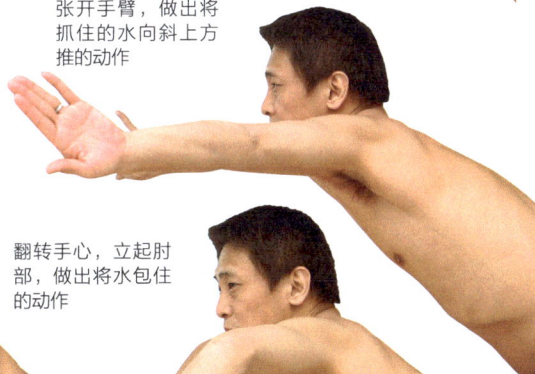

翻转手心，立起肘部，做出将水包住的动作

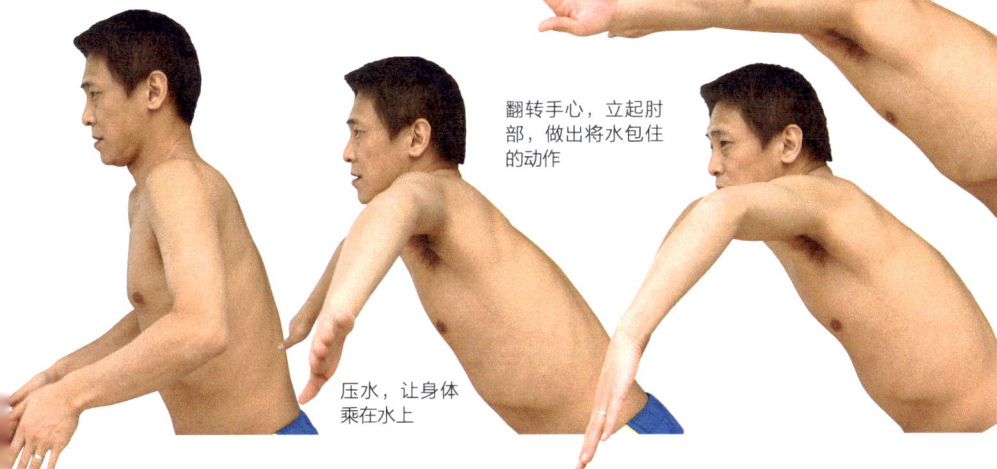

压水，让身体乘在水上

肘部如果不立起的话，
划水时水会流失

　　抱水时手是向着斜上方的，所以如果过程中肘部不立起的话，就不能保持手心的角度，使手在水中打滑，让水流失掉。

　　肘部的位置如果比手的位置低的话，肘部不能立起。所以要注意在水中肘部的位置不要下降。

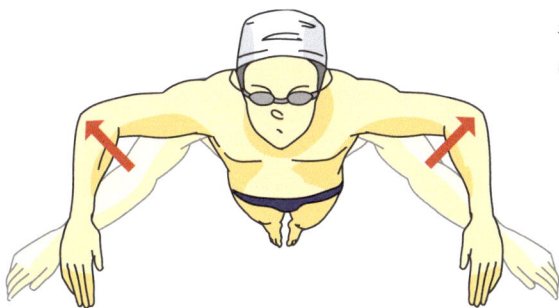

经常出现的错误NG

肘部位置下降的话会让抱住的水流失掉

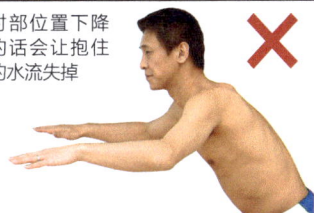

BREAST STROKE

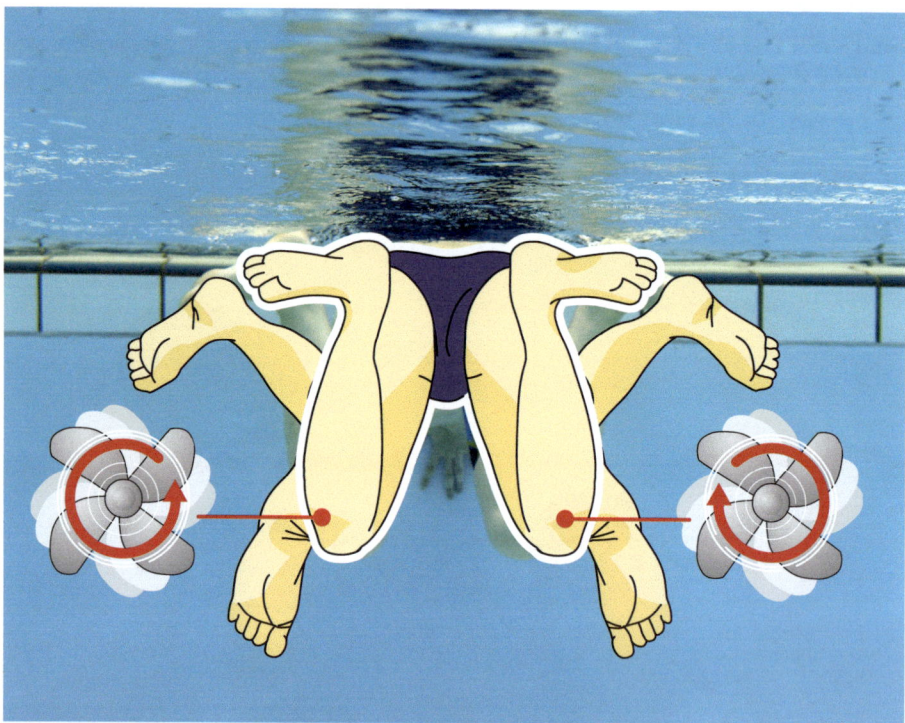

通过膝盖以下紧凑的
打腿动作，降低水的阻力

为了进行更有效率的打腿动作，重要的是要减少水的阻力。蛙泳的打腿动作是将腿拉向前进的方向，而且是左右腿分开进行的，所以会受到很大的水的阻力。

踢腿之前，脚尖向左右张开，让脚掌完全朝向后方进行打腿是很重要的，这一点与之前的说明是相同的。在这个基础上，踢出时为了不让膝盖左右大幅度地张开减少水的阻力，可以稍微让脚尖偏向内侧。

此外，腿部整体动作像柔软的鞭子一样进行打腿动作。可以将膝盖以下部位想象成螺旋桨一样。

这里要介绍两种打腿的动作。脚掌保持向后的状态下弯曲双膝，需要脚踝与膝盖有很好的柔韧性。让我们来练习更适合自己的打腿动作吧。

流畅地进行腿部动作，膝盖以下快速转动的鞭式打腿

双腿分开，脚尖向外侧打腿时，膝盖不要向左右两侧大幅度张开，整个腿部动作像鞭子一样进行柔顺的打腿，这个动作叫作鞭式打腿。双腿如果张开的幅度不大的话，可以减少水的阻力。

这个动作需要脚踝与膝盖有很好的柔韧性。

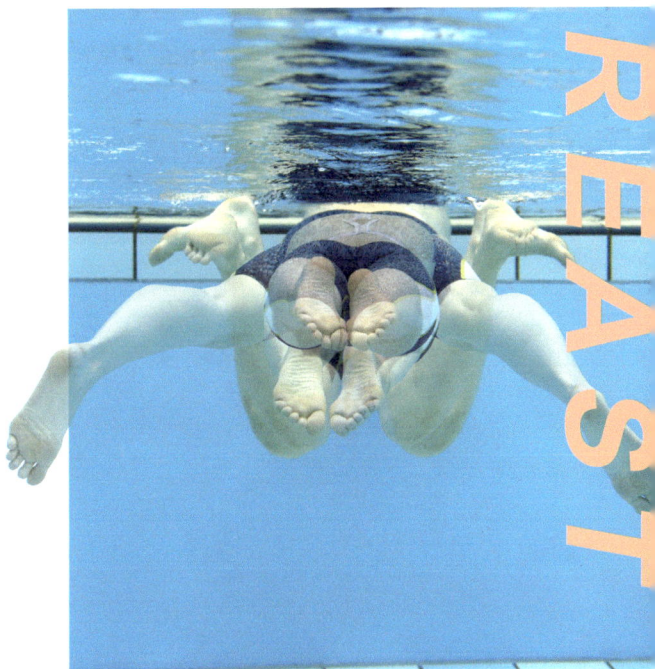

通过大幅度的腿部动作来强力的抓水的回转式打腿

脚踝过于僵硬不能完成鞭式打腿的人可以试着练习回转式打腿。

拉动腿部的时候，比起鞭式打腿的双膝的间隔更大。之后，双腿大幅度地向中间回收，通过打腿将水流夹住。

这里的重点是双腿左右张开时，双膝要保持弯曲，尽量不要伸直。

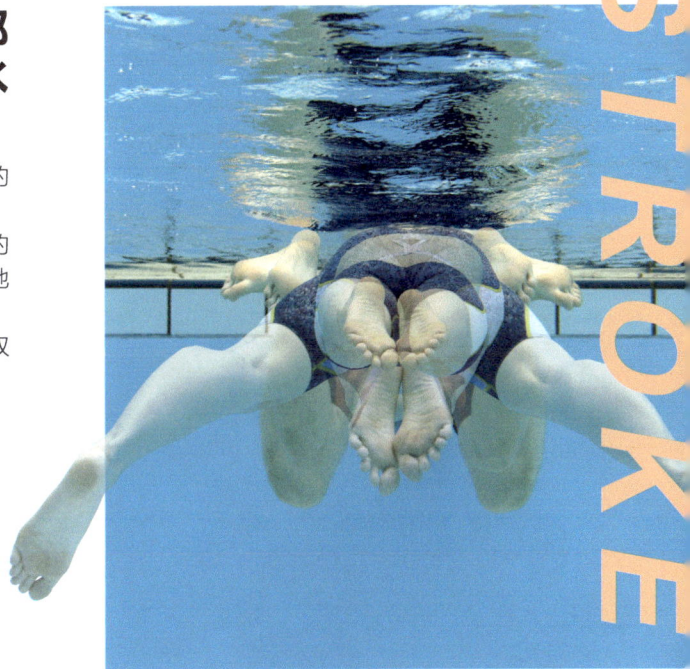

波浪式技巧3

腰部保持在较高的位置，
在水面上进行恢复动作

在一开始的水平式蛙泳动作中，完成了将大腿根充分弯曲的打腿练习。将打腿练习熟练之后，需要稍微变化一下姿势。

大腿根大幅度地弯曲向前拉的话，大腿的前面会朝向正面，这样会产生很大的阻力，使速度下降。而且因为下肢受到阻力减速，会导致身体自然地直立，使受到的阻力变得更大。

想要游得更快的话，必须要减小这些阻力。上肢保持稍微向下的状态，打腿时大腿根不要太过弯曲的话，就可以减少水的阻力了。

在进行恢复动作时，腰部要保持在较高的位置上，在水面之上进行恢复动作，将打腿动作与身体朝下入水的动作相配合，就可以达到我们的目标。

重点是大腿
根不要太过弯曲

　　进行打腿的时候，大腿根不要太过弯曲，膝盖以下部位的动作更加流畅地稍稍朝向下方打腿的话，可以大幅度地减少水的阻力。

　　因此恢复动作时的姿势就变得很重要了。要注意进行恢复动作时腰部如果下沉的话，会做不出朝向下方打腿的动作。

使用背部肌肉抬起上肢，进行恢复动作

　　在恢复动作中腰部保持较高的位置的话，上肢虽然会露出水面，但是如果上肢立起的话腰部就会下沉。所以不是上肢笔直向上，而是稍微弓背让上肢向前露出水面。

　　一定要记住使用背部肌肉向前抬起身体的感觉，恢复动作要在水面上进行。

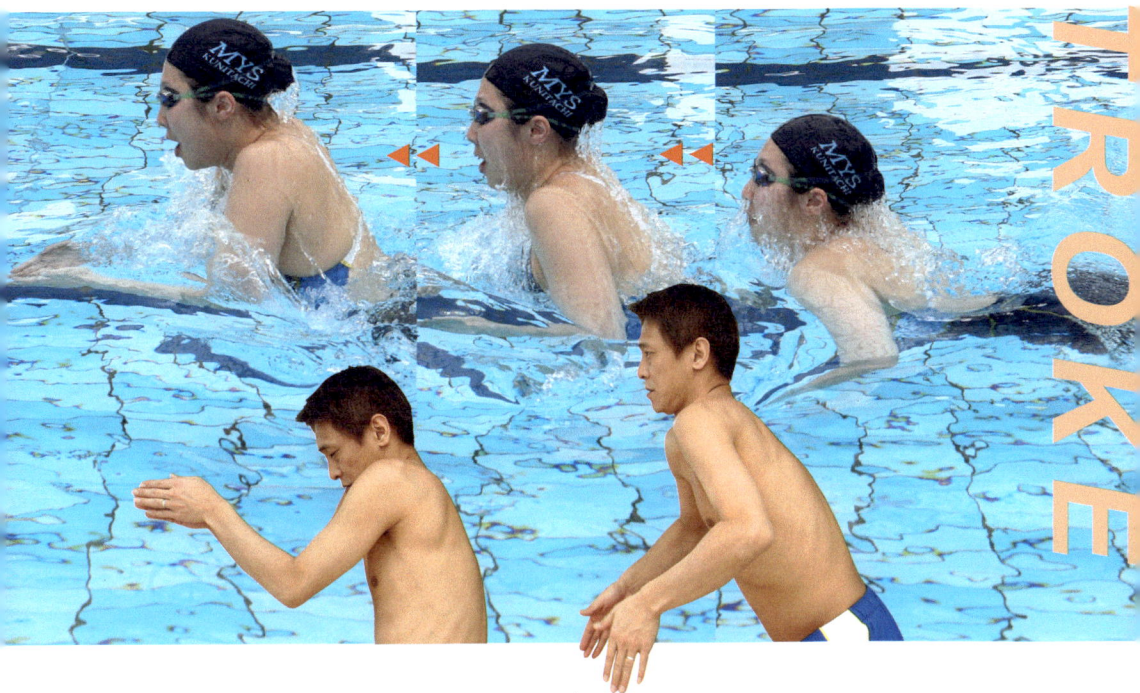

波浪式蛙泳的
重点是躯干的动作

　　仔细观察波浪式蛙泳，很容易让人认为这是一种让身体上下激烈运动的泳姿。当然上下运动是肯定有的，但是如果仅仅通过打腿与划水的动作让身体上下运动的话，也不会有很快的速度。

　　在进行蛙泳时，躯干的动作也要和其他动作相配合，这一点是很重要的。稍微弓背进行恢复动作当中，不需要腹部去用力。如果腹部用力会使身体立起来，反而腰部会下沉。

　　另一方面，为了让打腿的力量能顺利转换为推力，在打腿的瞬间，必须让腹部用力使身体保持笔直的姿势。

　　配合着游泳时的形势来改变身体的动作，就一定能做到大幅度有张有弛的动作。而且波浪式蛙泳本来就是动作很大的泳姿。游的时候最重要的是要配合着手脚，进行大幅度的身体动作。

做恢复动作时
重点是腹部不要用力

　　弓背的姿势顺利地使上肢浮出水面，为了能做到恢复动作，也必须要让躯干放松。

　　这里不需要进行打腿，所以不需要将下肢的力量传到前方的腹部力量。

经常出现的错误NG

✕

腹部用力的话，会在打腿时受到很大的阻力

打腿的同时再次让腹部用力，保持笔直的姿势快速前进

　　进行打腿动作时腹部用力，使上肢保持笔直的状态。如果弯曲脊柱的话，会使打腿的力量传不到指尖，中途流失。

　　从这里开始到划水动作结束为止，也就是通过划水动作得到推力的这段时间里，必须保持姿势不变。

1 STROKE 1 KICK

在开始和转身时，
利用一次抱水一次
踢腿开始游泳

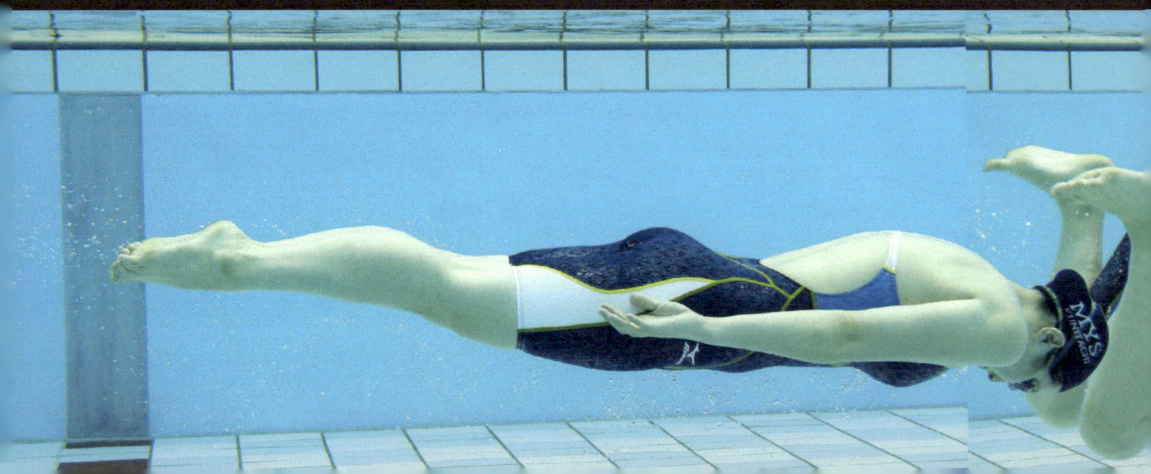

蛙泳在一开始和转身之后，通过在水中进行一次抱水一次打腿的动作进行加速。

首先为了能充分地借助着跳水或者蹬壁时的力量，要在开始和转身之后保持流线型的姿势快速前进。

在速度下降之前，从伸出手臂的流线型姿势开始进行一次抱水动作，保持手放在身体两侧的姿势再一次快速地前进。

之后在进行恢复动作时进行打腿动作，并且浮出水面。在进行恢复动作时必须要注意的是水的阻力。

恢复动作是双手从身体的两侧位置开始，不要张开肘部，用手心沿着身体的前面滑过。要注意的是身体与手的位置相隔越远，水的阻力就越大。之后在手臂通过面部的前方时，手心并拢，还原回通常的状态。

在触壁转身时，
笔直地蹬壁，
顺畅地连接游泳的动作

　　蛙泳的转身动作是触壁转身。双手的作用是接触泳池壁。首先在快要接近泳池壁时，以流线型的姿势靠近。

　　双手碰到泳池壁之后迅速地带动双腿，让双腿靠近泳池壁。这时重要的是，膝盖保持并拢弯曲，进行转身动作一侧的脚面放到另一只脚的脚踝处。

　　之后双脚并拢，将腿部的力量传递到泳池壁上。要注意利用侧腹肌肉的力量去拉动双腿。

　　双脚触壁的位置高度，大概与腰部的位置相同。太高或太低的位置就做不到笔直地踢腿了。

　　头部在水面上时充分地吸足空气，双脚触壁时面部朝前，在全身处于平行状态时，双手向前伸出，笔直地用力蹬壁。

推荐运动不足的
人进行的泳池锻炼方法

日常生活中不怎么运动的人或者体力不好的人，可以从水中锻炼开始。
相信有很多人是为了保持健康或是减肥的目的开始游泳的。
下面为大家介绍一些简单的锻炼项目。

　　人们开始游泳的目的各不相同。但是一般不习惯活动身体的人如
果突然运动的话体力肯定会吃不消。运动不足的人不用一开始就进行
游泳的练习，首先是要从身体的适应性活动开始。

　　虽然游泳的次数也是重要因素，但是在到身体适应之前，还是先
只在水中进行轻微锻炼为好，等到身体习惯之后再进行游泳的练习，
才能对身体比较有益。

　　其实，只要进行水中走步练习就很有锻炼效果了。在水中，膝盖
与脚踝所承受的负担比较小，但是相对会受到水的阻力。因为水温很
低，所以即使心率上升到陆地上的运动的程度，也不会感到那么剧
烈。但是比起散步来说，运动的效果可能会更高。

　　如果以减肥为目的锻炼的话，一般认为脂肪的燃烧是在开始运动
的20分钟以后，所以至少要锻炼30分钟才可以。

锻炼项目举例

初学者	在与肩部相同深度的水中进行走步训练（向前、横向、向后、跳跃）	30分钟
稍稍习惯了一些的人	使用漂浮板进行打水	25米×4次
已经会游泳的人	自由泳（以慢速进行）	25米×8次

※每次间隔十分钟，不要鲁莽地练习

PART 3

BUTTERFLY

轻松敏捷地
游蝶泳

蝶泳

　　游泳的初学者，都会非常羡慕动感十足的蝶泳的姿态。

　　但是，蝶泳的姿态虽然具有动感，也忌讳盲目使用力量。如果身体太僵硬的话，是不会游好蝶泳的。

　　当然，为了提高游泳速度，使用一定程度的力量是必要的。但更重要的是有张有弛的动作。首先要让身体放松，除了必要的时间以外，身体不需要用力。这才是最重要的。

　　此外，很多人都认为蝶泳是最难的一种姿态。其实只要掌握了蝶泳的方法，就会觉得蝶泳并没有想象中那么难。游不好蝶泳的人，几乎都是没有掌握好动作的时机。

　　大家首先可以掌握身体起伏比较大的波浪形蝶泳，随后再逐渐简化动作。

特征 1　动作张弛有度

　　蝶泳中最重要的就是张弛有度的动作。虽然蛙泳的动作也需要有张有弛，但是蛙泳的技巧比较容易，但是蝶泳却有些难度。

　　如果身体过于用力的话，肌肉会变得僵硬。所以首先要学会如何放松。

特征 2　如果头部能够入水的话，动作会变得容易

　　对于完全不会蝶泳的人来说，如果头部能够入水的话，蝶泳会变得简单很多。但是关键是头部入水的时机。

　　头部入水，一定要掌握正确的时机。很多人不理解这一点，所以认为蝶泳的难度很大。

通过水中倒立，
培养头部入水的感觉

　　很多不会游蝶泳的人，其中的大多数不会潜水。也就是说如果头部不会潜入水中，身体的运动节奏就会出现问题，游几下就会停下来。

　　首先我们可以练习一下在水中倒立。最初可能不太容易，因为在水中倒立和在陆地上倒立完全不同。

　　在陆地上倒立时，可以将头部向前抬高，来尽量保持身体平衡。但是在水中做同样的动作的话，头不会受到很大的阻力，不容易潜入水中。

　　所以要保持下颚紧贴颈部，头部正直入水。和头部上抬时相比，入水时会变得顺利很多。希望大家利用水中的倒立来培养头部入水的感觉。

如果下颚不向内收的话，不能顺利下潜

如果像在陆地上倒立时一样，下颚不向内收的话，头部不容易下潜，身体不能保持直立。

因此要保持下颚内收，从头顶正直入水。下颚内收的话，在水中就可以保持平衡。

经常出现的错误NG

如果下颚不向内收的话，头部受到更大的阻力，不容易下潜。

不擅长蝶泳的人，往往是因为下颚不会内收

在游蝶泳时，要尽量保持下颚内收。

和在水中的倒立相同，如果下颚前伸的话，头部不可能顺利入水。而且身体不可能表现出蝶泳特有的弯曲动作。请注意。

BUTTERFLY

如果从头部入水的话，自然可以漂浮在水面

　　利用在水中的倒立培养的感觉，尝试一下海豚跳跃。

　　双手举起，在头上并拢。原地进行跳跃，并且潜入水中。接下来只要身体保持笔直，就可以利用跳跃的力量向前游动，最后可以从头部开始浮出水面。

　　为了在水中减小阻力，身体要一直保持流线型。在入水时，从头部到身体尽量从一个点入水。请回忆水中倒立时的动作，下颌内收，从指尖开始入水。头部入水以后，为了保持臀部露出水面，腹部用力，挺直脊背。

　　简单地说，这就是蝶泳的基本姿态。在身体自然运动的基础上，再加上划水和打腿的动作，就可以形成非常完美的蝶泳姿态了。

采用海豚式跳跃，从头部入水，在水中潜泳

和在水中的倒立相同，如果入水时没有回收下颚的话，胸部不会受到水的阻力，不容易潜入水中。因此要保持下颚回收，身体成为一条直线进入水中。

但是要记住，身体不能过于用力。在保持放松的同时头部入水，为了提高臀部的位置，收紧腹部两侧的肌肉。这时身体的其他部位也要一直保持放松。

稍稍抬头的话，可以轻易地浮上水面

在水中潜泳时，身体一定要保持流线型。在熟悉了动作之后，可以稍稍抬头，这样身体可以浮出水面。

可以尝试在水中进行不同的动作，这样更容易培养身体在水中的感觉。

BUTTERFLY

学习双臂支撑身体上岸的方法

　　接下来我们练习一下蝶泳中双臂的动作。蝶泳中双臂的动作是左右同时进行的，手臂的动作和自由泳的动作非常相像。

　　首先要注意的是，臂部不能过于用力。特别是从后往前伸时，如果臂部过于用力的话，不能及时地前伸。也就是说，臂部不可能进行大范围运动。在实际的游泳当中，双臂要在身后伸直，随后向身体前方摆动，然后进行抱水。

　　这一连串的动作和双手支撑身体上岸的动作是相同的。双手支撑身体时，两侧的手指方向相对。

　　但是上岸时只靠双臂的力量是不容易的，还需要运用弹跳力，将身体上提。这个动作，也可以运用在游泳当中。

在陆地上练习双手划水的动作

　　放松上身和双臂，双臂从身后向前摆动。因为不是体操的动作，不需要借助反作用力，双臂摆动的幅度要尽量大。

　　双手运动到体前时，上半身稍稍前倾。可以联想一下双手支撑游泳池边上岸的动作，这就是蝶泳中双手划水的动作。

手部划水和
脚部打腿的配合

掌握了手部划水的动作之后，接下来我们学习打腿的动作的时机。

蝶泳的打腿动作采取海豚式打腿，双腿并拢，运用腰部的力量，通过身体的弯曲进行打腿。当然，腿部可以不用伸直，但是动作一定要放松。

在蝶泳中，双手每划水一次，要进行两次打腿。第一次打腿是在双手入水以后，开始抱水时进行的。

随后，在完成抱水时，头部上抬，双臂前伸时，进行第二次打腿。我们把这两次打腿的动作称为"第一次打腿"和"第二次打腿"。

接下来，大家可以不考虑打腿的强度，试着游一下蝶泳，主要练习一下手脚动作的配合。如果在蝶泳中不会呼吸的话，可以保持一侧手臂前伸，用另一侧的手臂进行划水的动作，这样的话容易进行呼吸。

练习

不会在水中呼吸的人，
可以尝试单手蝶泳

很多初学者在学习蝶泳的时候都不容易掌握呼吸的方法。在这时，可以保持单手前伸的动作，另一侧的手臂进行划水的练习。这样的话更容易进行呼吸。

练习的时候不必过多地考虑呼吸，尽量掌握手脚配合的时机。

1 在手臂抱水动作的同时，准备第二次打腿。

2 通过第二次打腿使身体浮出水面。

4 手臂入水之前，准备第一次打腿。

3 手臂开始前伸。

5 入水时进行第一次打腿。

6 身体保持直线时，手臂开始抱水，同时弯曲膝部，准备第一次打腿。

BUTTERFLY

下颚内收，
双臂尽量前伸，从头部入水

　　游蝶泳时，头部最先露出水面，也是头部最先入水。如果和其他姿态一样，手部先入水的话，不容易下潜。

　　在手部划水的动作结束之后，准备第二次打腿。腿部上抬之后，头部露出水面，随后手臂前伸。这时已经要内收下颚，面部入水，做出整个头部入水的准备。

　　不会呼吸的人往往是这一系列动作的时机没有掌握好，如果在双臂前伸时进行呼吸的话，已经来不及了。

　　因为头部先入水，所以在双臂前伸时，必须已经完成呼吸。头部入水时，一定要内收下颚，如果头部上扬的话，是不能顺利入水的。

和第二次打腿同时呼吸

呼吸的时机是在为了进行第二次打腿而抬腿时。在臂部前伸时必须已经完成呼吸动作。

首先要培养头部露出水面时呼吸的习惯。

双臂前伸时结束呼吸，头部入水

如果呼吸迟缓的话，来不及内收下颚，面部会直接入水，甚至发生呛水。

不会呼吸的人要记住，呼吸的时机不是取决于臂部的运动，而是根据头部露出水面和头部进入水面的时机。在头部出水的瞬间要迅速完成呼吸动作。

BUTTERFLY

利用身体的大幅度摆动游一下蝶泳

　　请大家回想一下海豚式跳跃的动作，从深水处利用反作用力跃出水面，然后利用身体的大幅度摆动游一下蝶泳。

　　如果身体摆动的幅度比较大的话，不需要过于用力也能向前游。只要加大身体上下摆动的幅度，蝶泳应该不是什么难事。

　　不要忘记，头部入水时，下颚一定要向内收。

开始练习时，
第一次打腿
可以更加用力

一开始可以根据入水的时机，用力打腿。

第二次打腿可以轻一些，因为不可能两次打腿都过于用力。所以根据手臂用力的时机，双腿也可以更加用力。这样更容易完成蝶泳的动作。

BUTTERFLY

试着游一下蝶泳

如果你已经能够通过身体的大幅度摆动游蝶泳的话，接下来让我们减小身体运动的幅度，学会更加快速地游动。这时身体的动作应该已经掌握，只要加上一些技巧的话，就可以学会标准的蝶泳姿势。

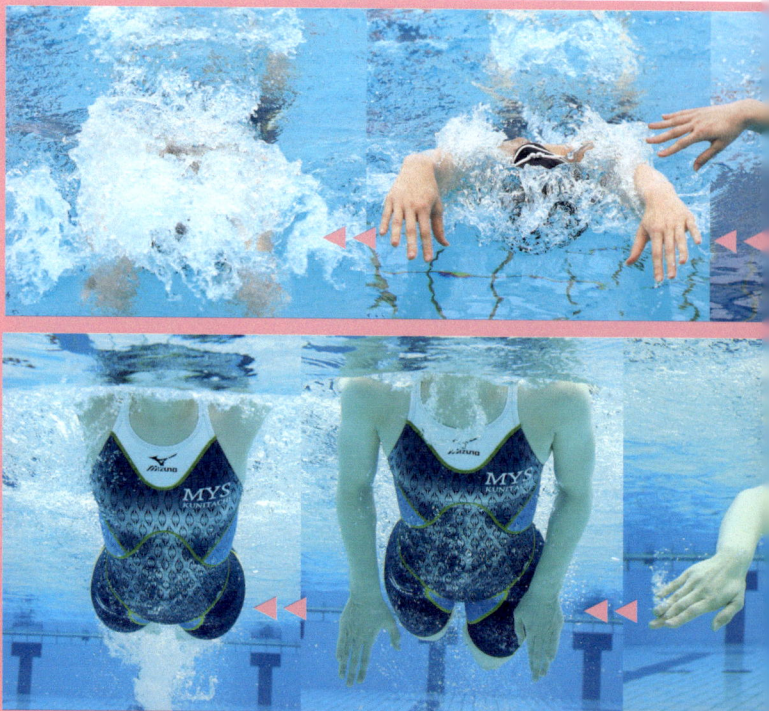

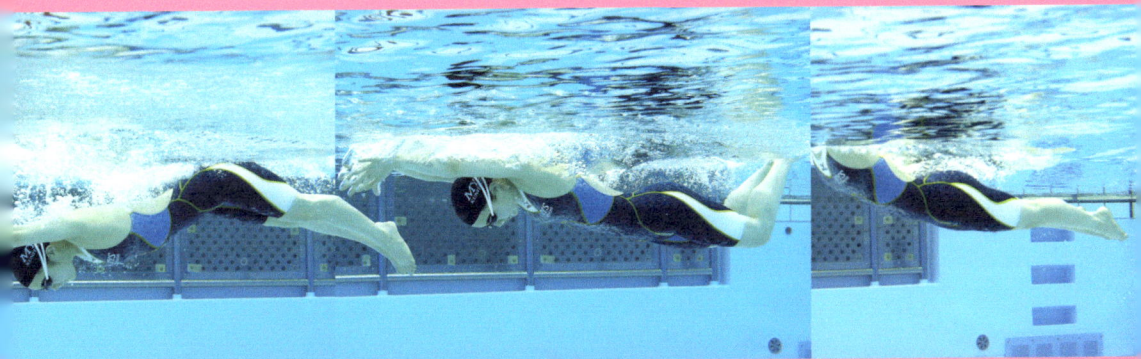

接下来减小身体运动的幅度，
学会更加快速地游动

不要用腿部的力量，而是通过腰部的力量进行打腿

提起大家对于蝶泳的印象，你一定会想到游泳明星在电视上展现的具有动感的泳姿。即使自己能够通过身体的大幅度摆动游蝶泳，也会觉得自己和别人的姿态有些不同。接下来我们可以给自己的游泳姿态加上更多的动感。

首先是关于打腿。刚才我们进行的通过身体摆动的蝶泳，主要是利用身体的浮力。刚才没有提到，为了提高蝶泳的速度，不仅需要利用膝盖以下小腿的动作，而且要利用腰部进行大幅度的打腿。

从双腿上抬时开始，在保持躯干稳定的同时，力量从腰部传导到大腿、膝盖、一直均匀地传递到脚踝。

在讲解蛙泳和仰泳时我们已经说过，双腿的动作要像挥舞鞭子的动作一样。因为腰部的动作很自然，所以没有必要特意地摆动双腿。

和海豚的动作一样腰部以下进行上下打腿

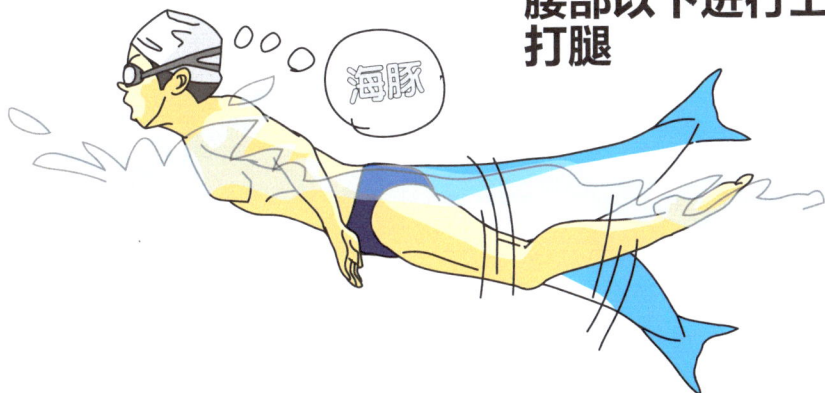

蝶泳的打腿动作被称为海豚式打腿，正如名称所示，要像海豚一样将腿部进行上下运动。

如果打腿时过于用力的话，肌肉会变得僵硬，动作变得不流畅。结果会导致双腿受到不同的抵抗力，动作失去平衡。

在保持躯干稳定的同时四肢尽量放松，打水的动作也要保持节奏感。

经常出现的错误NG

如果双腿的动作过于用力的话，容易破坏双腿动作的平衡。

通过第二次打腿的加力，来保持动作的节奏感

在保持打腿的节奏时，我们把重点放在第二次打腿。第一次打腿并不需要很大的力度。

为了提高游泳的速度，第二次打腿的作用很重要。

第一次打腿

第一次打腿只是为第二次打腿进行准备，并且起到保持节奏的作用就可以。身体的前进只是通过双臂的动作。

第二次打腿

游蝶泳时，起到推进作用的是第二次打腿。第二次打腿以后身体保持流线型前进。

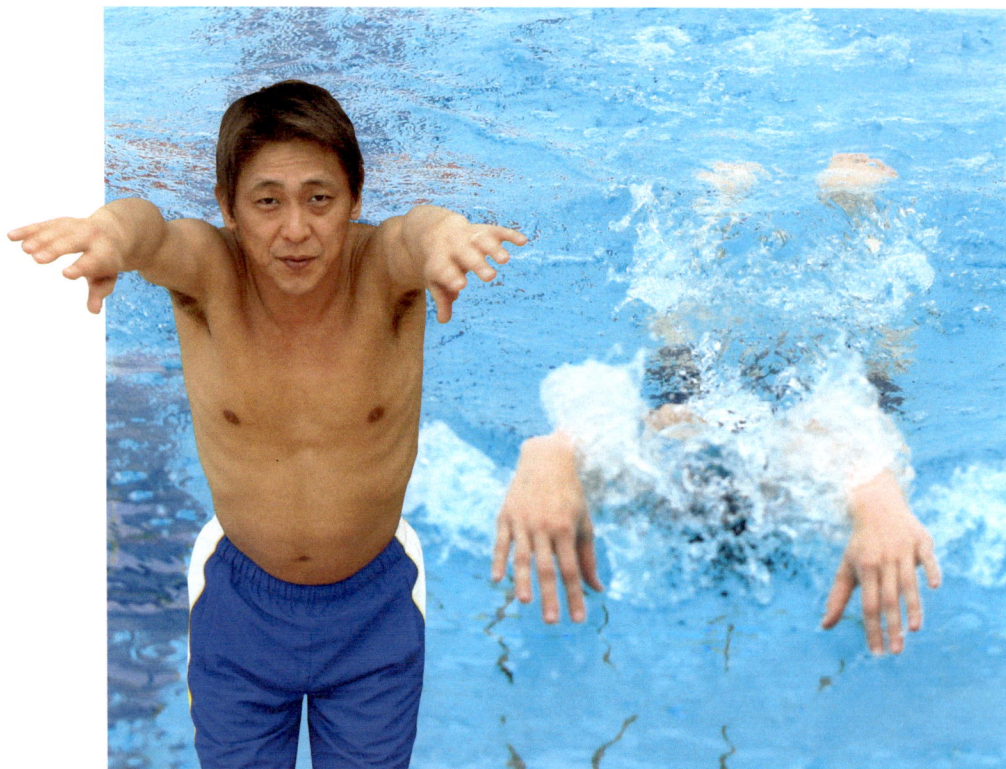

双臂与肩同宽，
从拇指开始入水

在游蝶泳时，头部首先入水，随后双臂入水。双手的入水点在双肩的延长线上。

双臂前伸以后，双手的拇指在与肩同宽的位置入水，双手在水中自然会并拢。随后身体保持直线向前推进。

如果双手并拢入水的话，会出现双手拍打水面的情况，这样水的阻力会比较大。此外，身体向下游泳的姿态当中，双臂从左右向前伸时，从指尖直接入水有些困难。

当然，入水点过于偏向身体的外侧也是不行的。因为在水中要将双臂向前伸，这样会受到巨大的阻力，而且也耗费时间。

请注意，
双手的入水点
不要窄于肩宽

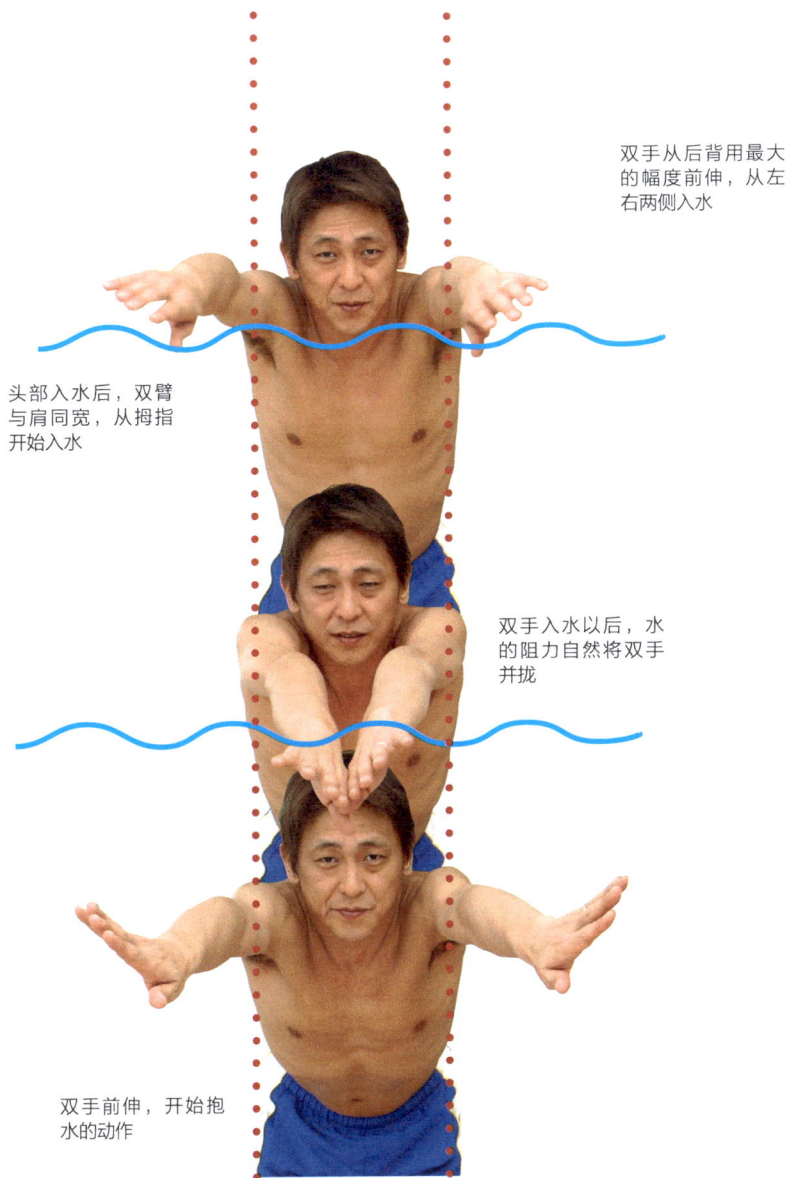

双手从后背用最大
的幅度前伸，从左
右两侧入水

头部入水后，双臂
与肩同宽，从拇指
开始入水

双手入水以后，水
的阻力自然将双手
并拢

双手前伸，开始抱
水的动作

肘部弯曲，
将水收集到腹部

　　双臂抱水以后，不能让水流失，而是要收集到腹部。这时，最重要的是要将肘部弯曲。和蛙游划水时的动作虽然有些不同，但是和蛙泳抱水时的动作要领一样。

　　抱水时肘部向上弯曲，手掌抱水以后，用整个手臂来压水。为了肘部能够向上弯曲，肘部一定要处于一个比较高的位置，如果肘部不能高于手掌的话，容易让水流失。

　　双手抱水以后，将身体置于水上，可以使重心向前移动。但是这个动作不能使用蛮力。和蛙泳的是动作相同，在频率式游泳方法中，重心的前移是非常重要的。

　　身体前移时开始第一次打腿，打腿的动作能够辅助身体重心的移动。请大家回想一下，为了登上泳池双手支撑身体时的动作。

为了不使水流失，
抱水时要弯曲肘部，
重心向前移动

抱水时手掌外翻，双臂向两侧展
开，双臂展开90度以后，弯曲肘
部，前臂开始将水收集到腹部，此时
借助打腿的力量，将身体前移。

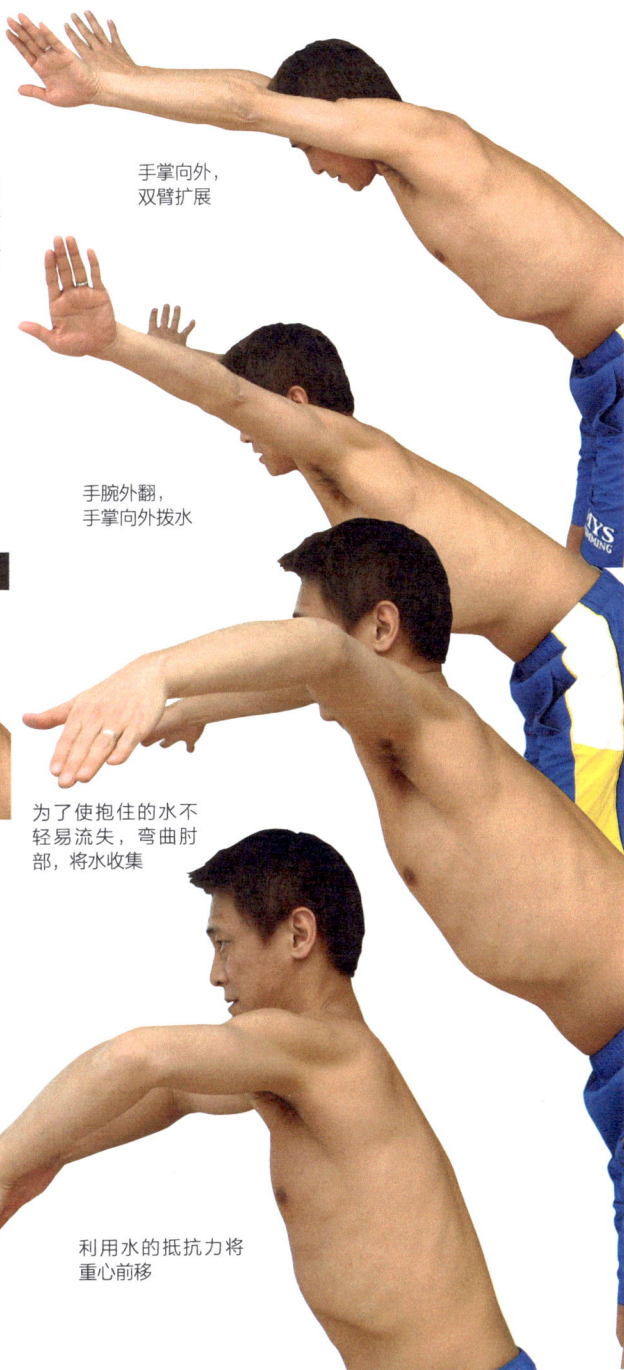

手掌向外，
双臂扩展

手腕外翻，
手掌向外拨水

经常出现的错误NG

✕

如果肘部的位置过
低的话，不容易牢
牢地抱水

为了使抱住的水不
轻易流失，弯曲肘
部，将水收集

划水之后双
手准备恢复
原处

利用水的抵抗力将
重心前移

减小腰部的动作，
更加流畅地游泳

通过身体的大幅度摆动进行蝶泳的最大问题是腰部的剧烈上下运动。如果摆动幅度过大的话，会影响游泳的速度。

头部露出水面，上半身还在水中时，要进行第二次打腿。但是身体在弯曲时，即使大腿力量也无法传导到上半身。

因此通过身体摆动进行的蝶泳，第一次打腿容易过于用力。而且向前的推动力受到身体摆动的影响，推进的效率并不高。

如果记住我们介绍的蝶泳的正确方法的话，可以不通过身体的大幅度摆动，就能提高游泳的效率。

但是通过运动频率进行的泳姿当中，身体的上下摆动是理所当然的，重要的是腰部运动的支点。支点越高越接近于理想的动作。

让我们通过训练，更一步接近头脑中描绘的完美的游泳动作吧！

身体上下摆动幅度越大的话，水的阻力也越大。不仅身体容易疲劳，而且速度也不快

频率式游泳方法主要通过身体重心的移动前进。因此，身体的上下摆动是在所难免的。

但是腰部的位置不能进行大幅度的上下摆动。如果腰部的动作过大的话，不仅会增加水的阻力，而且会影响手脚的动作。并且姿势不合理的话，动作会变得更加僵硬，进而会影响游泳速度。

在水中将面部稍稍向上抬的话，更容易连接下一个动作

接下来，为了将腰部上下大幅度的摆动变得平缓，需要介绍一些新的技巧。

首先要记得，第二次打水以后身体入水时，后背一定要挺直入水。这是为了进行第二次打水以后，身体受到更小的阻力。

当进行下踢的腿恢复原位时，如果处于水中的面部轻轻上抬的话，就更容易顺利地连接下一个动作。

当然，入水时要保持下颚回收。但是如果下颚一直保持回收状态的话，容易下潜得过深。所以头部入水以后，可以利用水的反作用力，将头部稍稍上抬。

但是，过于在意这个动作的话，容易将头部抬得过高。这样的话身体会向后弯成弓形，从而影响下一个动作。

头部过于上抬的话，身体会向后弯成弓形，从而影响游泳的姿态

入水后进行第一次打腿以后，腿部向上回收。这时头部过于向上抬的话，会导致上肢抬起，身体向上弯曲。

这样的话，第二次打腿会变得过于用力。游泳的姿态会恢复到腰部大幅度上下摆动的状态。

经常出现的错误NG

如果双臂放松的话，
更利于肩部的大幅度摆动

　　如果身体上下运动的幅度减小的话，恢复动作有时会变得更加吃力。

　　如果手臂的入水点比双肩还宽的话，往往是因为手臂的动作过于僵硬。很多人在肩部和臂部的运动当中，不知不觉中会使用过大的力量。

　　如果双臂用力过度的话，肩部和肩胛骨的动作也会变得僵硬，从而影响动作的发挥。如果需要加大肩部的动作的话，就会使用更大的力量，结果会导致动作更加僵硬。

　　所以游泳时不要考虑着转动臂部，而是要考虑转动肩部，如果能够大幅度地转动肩胛骨的话，双臂也会随之转动。这样的话，双臂的动作也会显得更加轻松。

　　在双臂恢复原位的动作当中，肩胛骨要内收，并且上提。要学会大幅度的放松的划水动作。

划水时转动的
不是手臂，
而是肩胛骨

如果将注意力集中在肩胛骨的动作的话，手臂也会随之而动的。游泳时不必像展翅飞翔的动作一样，没有必要将手臂到指尖伸得笔直。

动作容易紧张的人，可以在手臂恢复原位时尽量放松手腕，这样整个臂部的动作都会显得更加轻松。

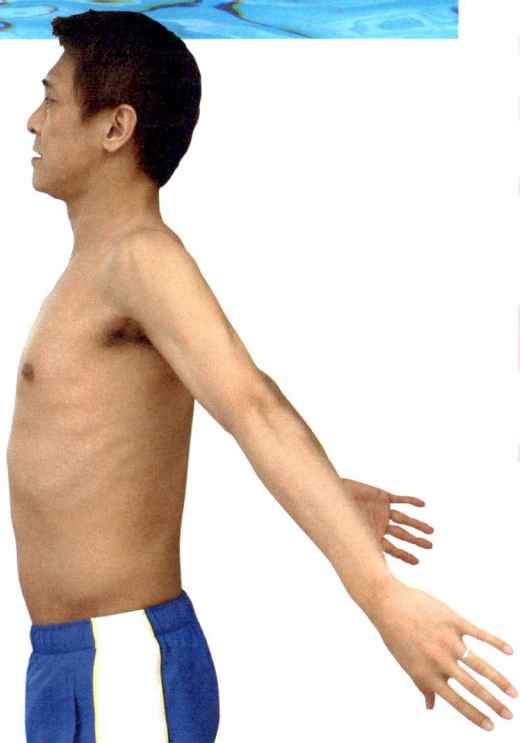

经常出现的错误NG

如果从臂部到指尖保持伸直的话，说明臂部过于用力，不容易向后伸展。

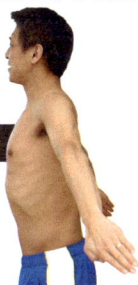

技巧7

身体伸展时，
可以稍稍向前移动

在蝶泳中，最能体现出速度的是在第二次打腿之后。

这时要加上腹压，并且身体保持流线型。此外，第二次打腿之后的向上摆腿起到很重要的作用。

在打腿之前，上身露出水面，双臂正在恢复原位，后背保持稍稍弯曲的状态。在打腿的同时，腹部用力。

蝶泳和其他姿态最大的区别就是，在身体伸展时，双臂向左右两侧扩展。向前游动的同时，左右双手寻找抱水点，随后进行抱水。

但是入水后不能立刻抱水，可以利用打腿将身体向前移动。而且是利用阻力最小的姿态向前游动，随后进行抱水。

BUTTERFLY

向上摆腿的同时，
身体保持流线型前进

在第二次打腿之后双腿向上摆动，身体的姿态最接近于流线型。

这时不应立刻进行抱水，而是等待身体前进一段之后，利用双手将水向后拉的感觉，进行抱水。

制作25米游泳速度和划水次数的对照表

让我们运动双臂，游一下25米蛙泳。头部出水过高也无所谓，首先通过一定距离的游泳，来增加一下自信。

很多人都会产生疑问，原来蛙泳也会这么疲劳？我们在第二章介绍了一些使游泳变得轻松的技巧。

稍稍掌握游泳动作之后，大家都希望能够提高游泳的速度。但是过于追求速度的话，总会遇到一些新的问题。在这时，如果更加追求速度的话，动作会变得更加混乱，变得无法控制自己的动作。

这时，我们可以制作一下25米游泳速度和划水次数的对照表。在下面的表中，我们介绍了专业选手的游泳速度和划水的次数。

但是，这仅仅是供大家参考的数值。由于年龄、体格、肌肉力量以及每个人的差别不同，这些数值也会出现变化，但是掌握游泳技巧之后，大家可以尝试着参加一下比赛。

在和别人竞争的同时，不仅可以了解自己的实力，而且可以激励自己更加努力，并且能够取得进步。

游泳姿态		划水次数	时间	条件等
自由泳	男	15次	15秒	
	女	20次	20秒	
仰泳	男	15次	20秒	入水时不使用双腿并拢打腿的方法
	女	20次	25秒	
蛙泳	男	7至8次	25秒	
	女	10次	30秒	
蝶泳	男	7至8次	20秒	
	女	10次	25秒	

PART 4

用优美的姿势
快速游自由泳

CRAWL

自由泳

很多初学游泳的人首先想学习的就是自由泳，即使不会游泳的人也能联想到自由泳的动作。这是因为很多人觉得自由泳的动作是游泳中最有代表性的。

我们的读者当中，很多人都认为自由泳比较容易掌握，而其他的姿态的难度比较高。其实，学好自由泳也没有想象中那么容易。很多情况下，自认为游得不错的人，往往没有掌握动作的要领。

确实，在四种姿态当中，游得最快的就是自由泳。但是前提是要掌握正确的动作。

为此，首先我们要检查自己的动作是否正确，然后学习如何加快自己的速度。

特征 1 　自由泳的动作比较熟悉

　　一提起自由泳的姿态，谁都会立刻浮想起来。这是一件好事，但是也有弊端。

　　如果头脑中联想到的是正确的姿态的话还好，如果是错误的姿态的话，无疑会影响大家的学习。如果不把这些错误的印象消除的话，大家是无法学到正确的姿态的。

特征 2 　动作容易出现错误

　　有些人认为自己很容易就可以学会自由泳，实际上自由泳也不是那么好掌握的。

　　如果大家看看周围游泳的人就可以发现，很少有人可以把自由泳游得轻松而且漂亮。如果能把自由泳游好的话，仰泳和蝶泳应该也很容易学会。

CRAWL

动作不对的话，结果只能是消耗体力，速度很慢

想游得更快，但结果是身体疲劳，而速度却没有提高。很多人都拥有这样的烦恼吧。很多人也顾不上计时间，只是感到身体非常疲劳。

看到这些人的游泳姿态时，首先发现他们的共同问题是双腿下沉。很多人游泳时双腿一直下沉，有些人越是想加速就越下沉。

还有些人的游泳轨迹不是一条直线，手脚动作不协调。总之，大家的问题各种各样。

无论存在哪些问题，重要的是要弄清问题的原因。如果不知道双腿下沉的原因的话，是无法改正自己的姿态的。如果身体疲惫的话，大约有两种可能性，一种是水的阻力加大，另一种是抱水的动作没有做好。

下面，让我们首先来分析一下让大家苦恼的问题吧。

问题的原因

原因1
一定要向前游

自由泳需要摆动双臂，所以身体出现一定的倾斜是可以理解的。如果强迫自己的身体向前倾的话，动作会变得非常僵硬。

结果会导致原本就容易下沉的双腿更加下沉，身体接近直立，阻力更大。

原因2
打腿和划水的动作太紧张

慢慢游泳时这个问题还不是特别明显，但是一加快速度手脚都会不知不觉地用力，而且越用力身体的动作越小，结果导致双腿下沉。

因为很多人没有注意到身体运动中的错误，所以我们首先要学会正确的动作。

原因3
没有使用腹压，姿势不对

很多人之所以姿势不对，是因为腹部没有用力，导致双腿下沉。

特别是男性，因为双腿的肌肉比较多，由于重量会导致自然下沉。所以要尝试利用腹压，轻抬双腿。很多容易腹部下垂的女性也可以使用同样的方法。

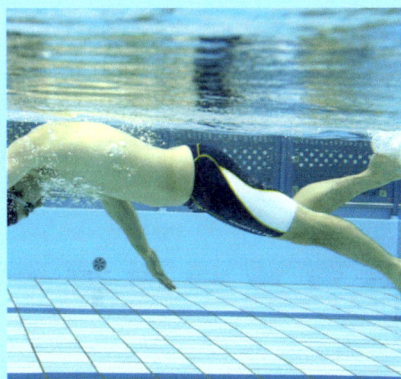

CRAWL

不会让自己放松，
动作总是慌慌张张

我们经常会看都有些人在游泳时会激起很大的水花，有些人想要加快速度时就会发生这种情况，还有些人平时就非常用力。

他们虽然很用力，但是实际并没有加快多少速度。

这些几乎都是由于双腿下沉的原因造成的。那些因为想加速就激起很大的水花的人，要不就是因为动作太紧张，要不就是没有做好抱水的动作。

关于前者，首先应该开始学习使用腹压。

而对于后者，要学好自由泳的正确姿势。

关于这些问题，让我们通过一些实例进行分析吧。

问题的原因

原因1

因为用力
所以身体下沉

　　有些人不仅是双腿，就连全身都下沉。而且身体越下沉，就越用力拨水，所以要在放松的状态下，在漂浮中学会正确的抱水和打腿的姿势。

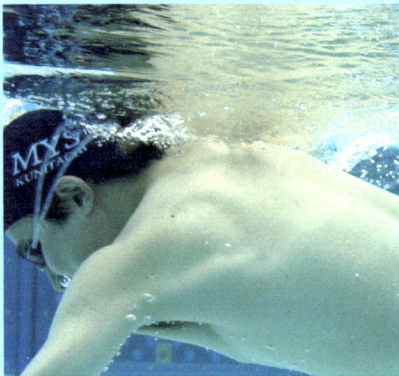

原因2

抱水的
动作过大

　　如果挥臂的动作太向下的话，也会激起很大的水花。因为人的身体是左右对称的，如果一侧胳膊的动作过大的话，另一侧在水上的胳膊的动作也会过大。

原因3

身体的重心
不稳定

　　如果身体的重心不稳定的话，不可能游成一条直线。这是因为游泳的轨道总向挥臂的另一侧弯曲的缘故。 这不是因为身体僵硬，而是过于用力的原因。例如肩部过于用力，导致手臂不能自由摆动。或者头朝下游泳所导致的。

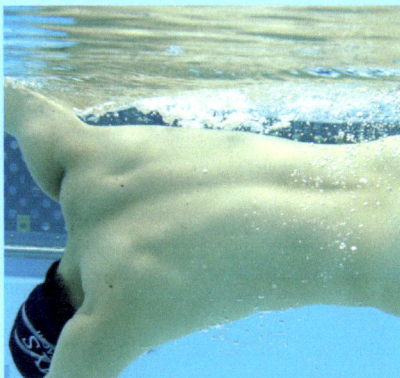

CRAWL

换气时
速度下降

?

　　很多人在换气时速度会下降，特别是初学者或者游泳水平不高的人。也许是因为对于水的恐惧，或者对于呼吸的不安，导致过于用力，姿态出现错误。此外，手脚的动作配合不好，动作的时机不对，节奏感不好，都会导致呼吸时游泳速度变慢。还有过于在意自己的动作的话，动作的幅度容易过大，导致过于用力。如果呼吸时速度下降的话，一定是因为力量用得不对，所以要找出用力的错误。初学者要消除对水的恐惧心理，在下水之前先练习呼吸，适应"在水下用鼻子呼气，在水上用嘴吸气"的方法。

问题的原因

原因1

抬头过高

初学者或者怕水的人因为在呼吸时心中会感到不安，所以换气时总是抬头过高。头抬得越高的话，身体越接近直立，这样水流的阻力加大，速度当然会下降。

所以首先要学会游泳时的呼吸，消除对水的恐惧心理。

原因2

身体过于左右摇摆

习惯向前抬头呼吸的人，在向侧面抬头呼吸时容易过于紧张。有些人过于介意自己的动作是否漂亮。对于这些人，我希望注意一下身体的左右摇摆。特别是向前抬头呼吸的话，头部入水需要更多的时间，而且呼吸以后会错过划水动作的时机。

原因3

向前抬头呼吸

如果不能向两侧抬头呼吸的话，一定会影响到手臂的动作。随后就会导致过于用力，从而影响动作的流畅性，导致双腿下沉，身体直立。当然，向前抬头呼吸的话，会导致水流的阻力加大。

CRAWL

尝试一下自由泳

大家可以试着慢慢地游一下自由泳。这样也许会发现一些快速游泳时没有发现的弊病。
首先要学会正确的动作，然后再挑战加速的实用技巧吧。

CRAWL

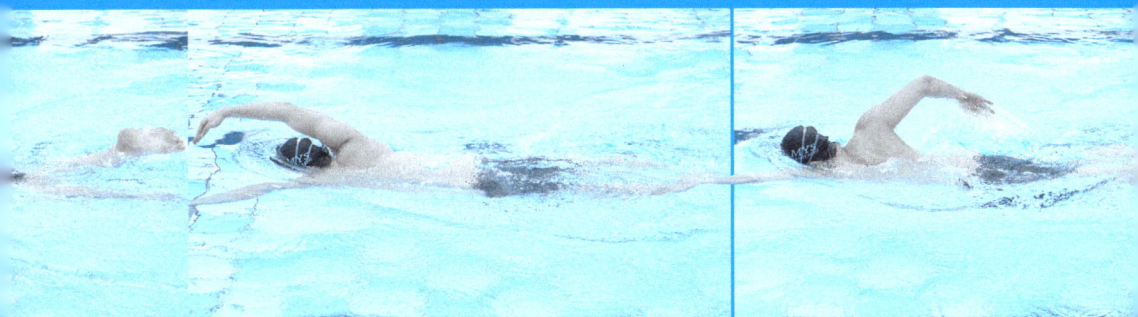

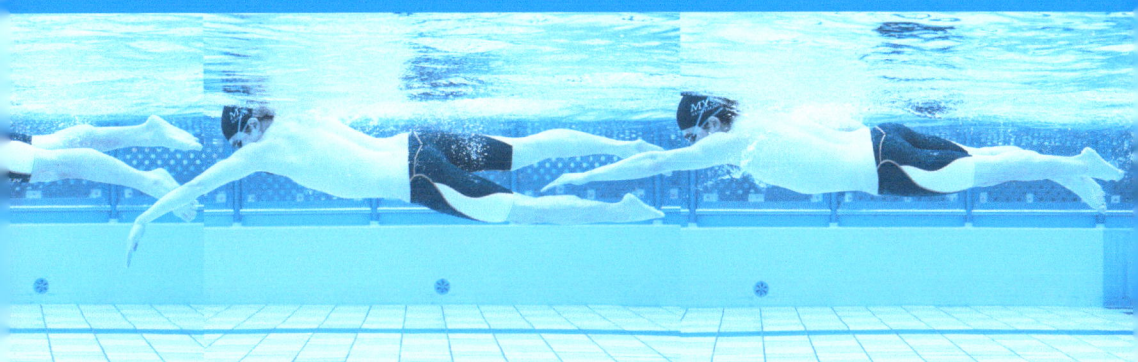

首先在慢速游泳中
学会正确的动作

保持身体的稳定性，最大限度地运动肩部

　　首先，让我们检查一下划水的动作。在其他的游泳姿态中，我们也曾经提到过，如果越是用力挥动双臂的话，肌肉就越容易僵硬，导致无法按照想象的去完成动作。所以挥动双臂时，要更加在意肩胛骨的动作，用最大的幅度来挥动手臂。

　　此外，手的入水点可以尽量离身体远一些，这样会使得身体的重心不会左右摇摆。入水点应该在肩膀的延长线上，不要勉强在头部上方入水，这样身体的重心会出现不稳定的情况。此外，由于手臂的运动距离加长，负荷也会变大，动作容易僵硬。所以要在意肩胛骨的动作，放松手臂，这样入水点自然变得更远。

　　在动作恢复时，手臂也不要用力。如果放松转动手臂，并且有效利用身体的左右摆动的话，手臂可以自然地恢复原位。

不仅是臂部要运动，肩部也要进行大幅度运动

手臂入水的时候，不仅臂部向前伸，而且要将肩胛骨尽量向前伸。入水点可以在肩胛骨的延长线上，如果入水点偏向内侧的话，容易破坏身体的稳定性。

利用肩胛骨的运动来挥动手臂的话，划水的动作幅度自然可以变大

通过拉伸肩胛骨，可以使划水的位置发生巨大的改变。虽然人的身高有所不同，但是大约可以延长十厘米左右。

如果臂部过于用力的话，入水点延伸十厘米，会让身体出现不稳定的情况。

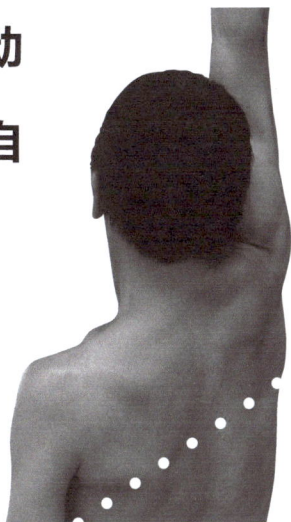

经常出现的错误NG

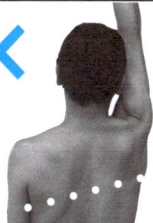

手臂尽量向前伸，但是肩胛骨却没有运动。

CRAWL

入水以后，
手臂迅速向前伸

　　如果是初学者的话，手臂入水以后立刻开始划水。好不容易肩部做出了大幅度的动作，手臂入水以后，如果立刻划水的话就有些浪费了。

　　通过划水使身体向前运动，此时身体要保持正直，手臂迅速前伸，就可以立刻向前运动，如果手臂迅速前伸的时间长的话，游泳的姿态也会显得更加游刃有余。

　　如果手臂入水以后没有时间向前伸的话，只能运用手臂力量去划水。

　　此外，游泳的姿态不稳定，双腿下沉的人，主要是因为将身体的重心放在了身体的后部。这样的话，手臂前伸也不起作用。大家可以腹部用力，先将双腿上提。在进行自由泳时，尽量将身体的重心放在身体的前部。

乘着手臂划水的力量，身体向前游

"手臂入水后的前伸"指的不光是手臂的动作，而是通过手掌划水来支撑前半身的力量。

如果体重没有放在上半身的话，只是把手臂向前伸，反而会妨碍手臂的动作。

为了双腿不下沉，加入腹压，保持下半身上抬的姿势

如果没有使用腹压的人，从最初开始，姿态就容易后倾，而且打腿的时候，动作容易僵硬，导致双腿下沉。

在加入腹压时，肚脐下部两侧的肌肉应该紧绷，然后将双腿上提。如果平时不会做这种动作的人，可能感觉身体有些向前倒。但是，这样可以保持身体水平。

打腿的时候，双腿要像弹簧一样，轻柔地打水。特别是双腿容易疲劳的人，要注意这一点。

经常出现的错误NG

CRAWL

把体重压在指尖，
用手来划水

　　入水以后，把身体的重量压在手掌上，手迅速前伸以后，进行抱水的动作。

　　指尖迅速前伸以后，从手指尖开始抱水，身体的重量放在前半身，使用手掌来支撑。

　　随后弯曲肘部。指尖抱住的水通过手掌、前臂内侧，向身体后方推进。

　　这时希望大家注意的是，不是通过臂部的力量使身体前进。臂部不应该用力，这一点是非常重要的。

　　将身体的重量放在前臂抱的水之上，这才是臂部的正确使用方法。从侧面看这个姿势的话，运动的不应该是手臂，而是躯干。

　　为了抱水而弯曲肘部时，如果肘部的位置低于手掌的位置，肘部是不容易弯曲的。所以要把肘部保持在更高的位置上，尽量把身躯向前探。

肘部保持比手部高的位置。
手不是向前面抱水，
而是把身体放在水上

　　利用手指尖和手掌按压水，然后使用臂部把水推向身后。这时，通过肘部弯曲，把身体乘在水上。

　　大家经常会产生误解。好不容易完成了抱水动作，但是如果手臂向后回收，也就是用手部的力量，向后拉手臂。这样只会把手向后拉，身体不会前进。

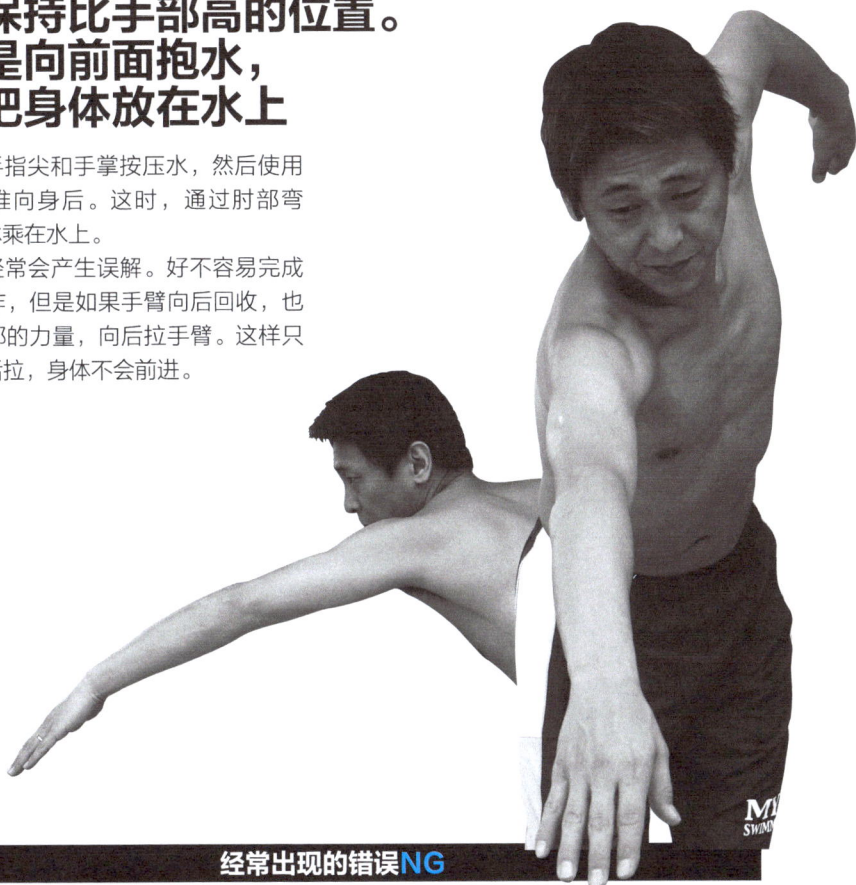

经常出现的错误NG

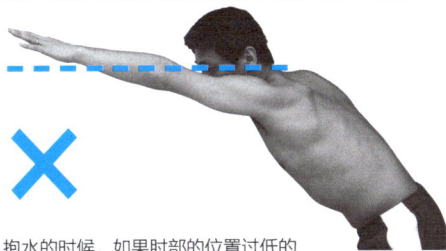

抱水的时候，如果肘部的位置过低的话，肘部不容易弯曲，即使勉强用力，也起不到抱水的作用。

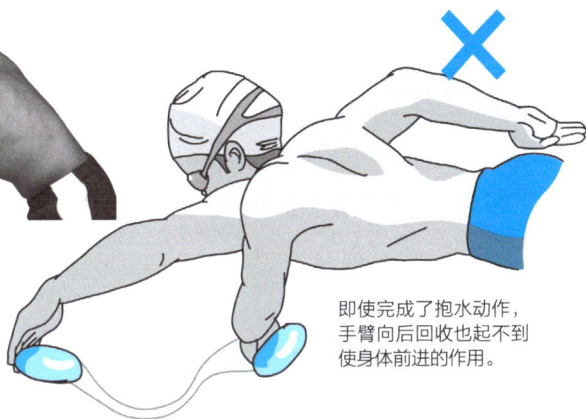

即使完成了抱水动作，手臂向后回收也起不到使身体前进的作用。

CRAWL

不是手向后划水，
而是使身体向前滑动

如果手臂可以从入水点抽出的话，说明这是效率最高的，最理想的动作。

入水以后的手部按水，在手的位置不变的情况下，身体向前滑动。这时手臂从水中抽出的话，出水的位置和入水的位置应该是同一个位置。

也就是说，动作并没有发生损失，身体就可以前进。如果抱水时手臂向后打滑的话，从水中拔出的位置应该在入水点的后面。

我们拿滑冰作为一个例子，如果在冰上走的话，是非常困难的，这是因为，大家的脚在接触冰面后，脚向后蹬地时会向后打滑。因此，滑冰运动员总是把体重放在前面伸出的脚上，一边将重心向前移动，一边滑动。

游泳和滑冰是同样的道理，因为手是非常柔软的，即使用力划水，手也会从水中划过，而身体并没有前进。

手的入水点和
出水点一致的话，
是最理想的动作

手部完美地进行抱水，而且身体向前运动的话，从侧面来看，手部在一系列运动当中的位置始终没有什么变化。

将身体重心向前移动的过程，也就是将身体压在水上的过程。如果抱水的时候手部的运动不稳定，不能很好地抱水的话，相应地身体也不可能前进。

如果不能把身体的重量压在水上的话，上述的动作是无法完成的，请务必注意。最开始的动作是非常重要的。

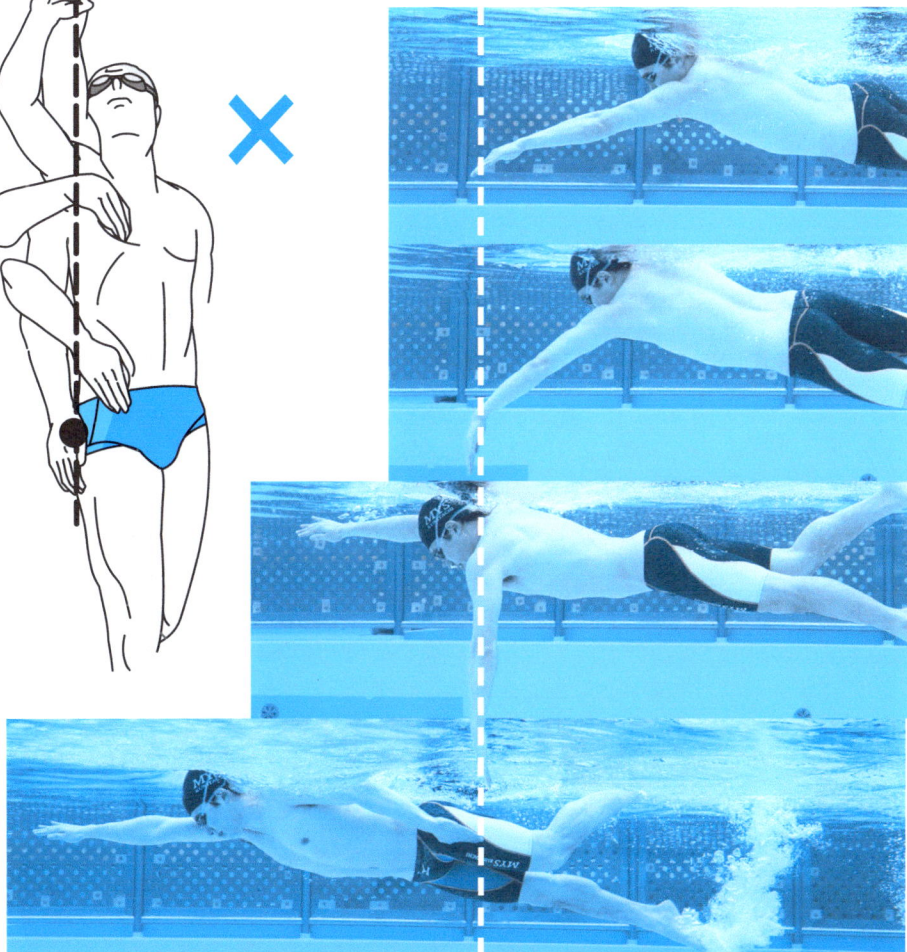

经常出现的错误NG

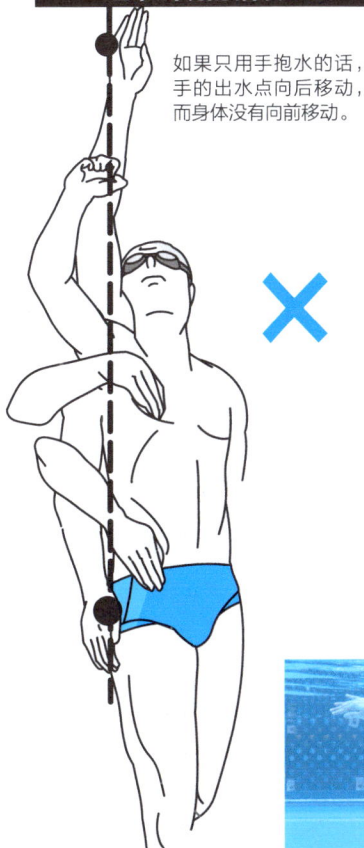

如果只用手抱水的话，手的出水点向后移动，而身体没有向前移动。

和手臂的动作相配合，有节奏地打腿

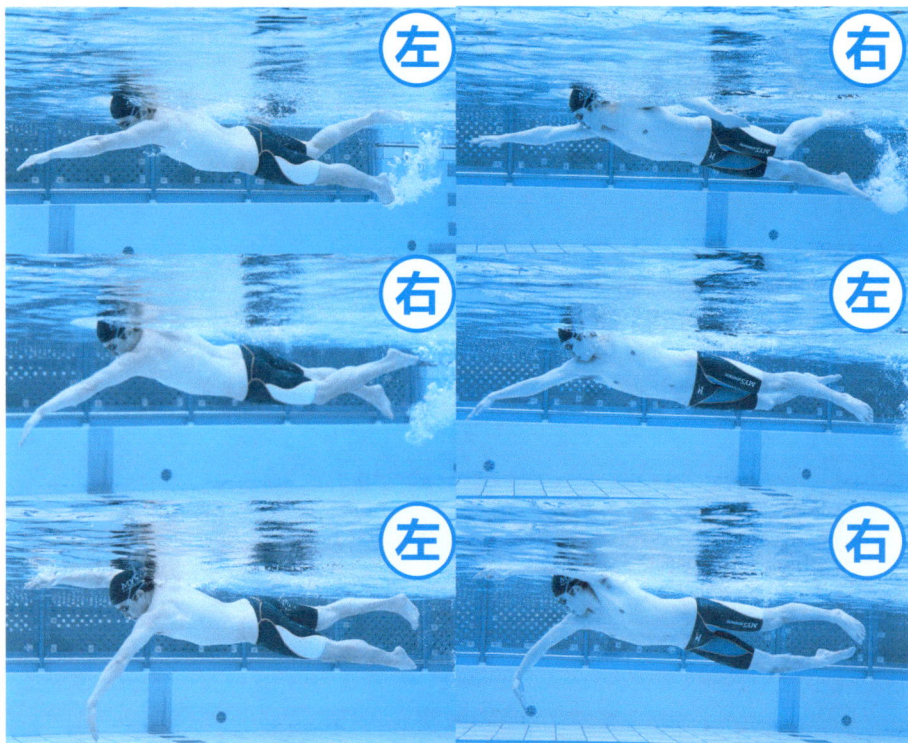

　　自由泳的打腿运动为6步动作，与双臂的划水配合进行。

　　在慢速游泳时，没有必要很快地打腿。根据划水的动作，双腿放松，按照节奏打腿就可以。

　　只要姿势正确，身体是可以前进的。其实，打腿的速度比较慢，也不必担心双腿下沉。

　　如果按照双臂入水的节奏打腿的话，更容易控制节奏。例如，按照右手入水的节奏，从左脚开始，按照1、2、3的节奏打腿，随后从右脚开始，按照1、2、3的节奏打腿。要注意，速度一直保持平稳。

　　不会慢速游泳的人，可以从2步打腿动作开始练习，根据入水的节奏，从另一侧的腿开始打腿。

为了加强划水和打腿的配合，进行有针对性地练习

● 2步打腿动作

大家可以慢慢地从2步打腿动作开始练习，按照手入水的节奏，从另一侧的腿开始打腿。游泳的动作一定要带有节奏感。

如果身体的重心没有放在前面的话，双腿容易下沉，大家要注意游泳的姿态，打腿之后，身体一定要向前伸展。

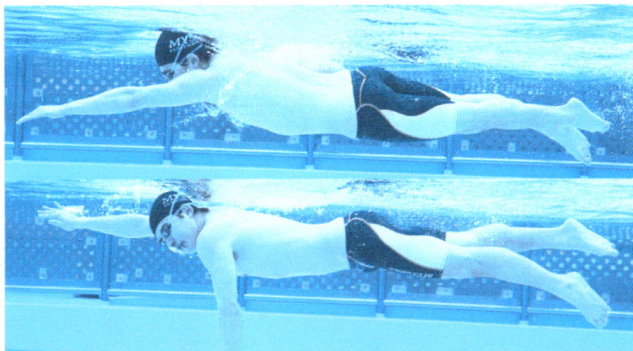

1

左手入水之后，右腿立刻打水。

2

这是右手入水之后，左腿完成打水的姿态。

● 交叉打腿（2步打腿动作）

进行2步打腿动作时，打腿之后的腿和另一条腿交叉，进行交叉的练习方法。一侧的腿向下打腿时，另一侧的腿如果不向上打水的话，双腿会下沉，无法顺利地

完成动作。因为在打腿时，双腿交替打腿的动作是必须的技巧，所以这种练习对于姿势的矫正，是非常有必要的。

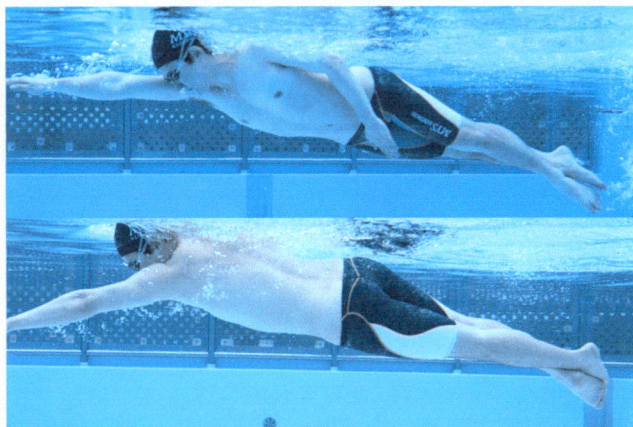

1

右手入水时，左腿向上打腿，和右腿交叉。

2

左手入水时，右腿向上打腿，和左腿交叉。

CRAWL

不要勉强扭转身体，
要用最自然的姿态去游泳

　　游自由泳时，需要身体左右摇摆。因此，受到双手划水动作的影响，身体自然会出现左右倾斜。

　　在游自由泳时，估计不会有人强迫自己身体扭动，但是很多人下半身保持向下固定，上半身却不断扭动。

　　游自由泳时，姿态基本是身体正面向下，这样的话会比较放心。但是，由于上半身的双臂需要运动，所以身体自然会发生左右倾斜。因此很多人为了保持身体的平衡，下半身保持稳定，上半身却不断扭动。

　　如果下半身一直保持向下的话，上半身却发生扭动，而且双臂和双脚在不停进行运动，这种游泳姿态非常不合理。也就是说，动作非常的不放松。所以，下半身也要根据上半身的动作，一边游动，一边自然地左右倾斜，这是非常重要的。

身体的中轴线保持稳定的话，即使身体左右发生倾斜，也具有足够的推力

假设身体的正中心有一条中轴线，如果这条中轴线不发生扭曲的话，身体无论如何倾斜，也会向前游动。如果姿势不对，或者双腿下沉，说明中轴线发生了弯曲。这种状态下身体摇摆的话，是不会径直前进的。

如果中轴线稳定的话，即使没有向正下方打腿，身体也会前进的。

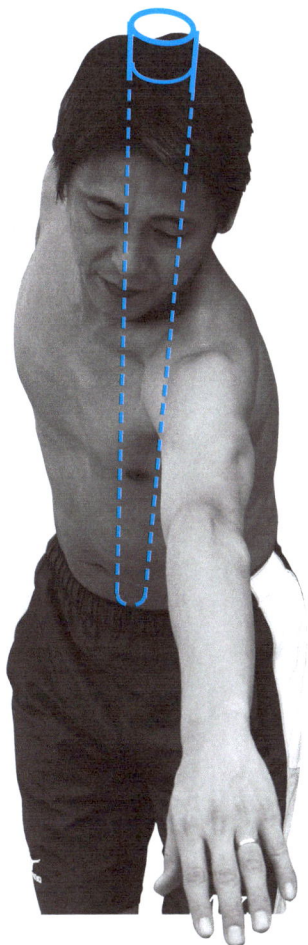

CRAWL

配合手部划水的动作，
自然地去呼吸

　　不会在水中呼吸的人，往往是因为呼吸时过于紧张。很多人因为对水的恐惧，导致呼吸时有一种焦虑。如果以前溺过水的人，会变得格外小心。

　　但是在划水时，根据双臂的动作，头有时要横向稍稍露出水面。

　　此外，在手臂划过头顶之前要进行吸气。因为手臂在头顶上方时，激起的水花会进入口中。

　　此外，呼吸时没必要把整个头部露出水面。只把鼻子和口部露出水面就可以呼吸。而且因为用嘴吸气，只要让嘴露出水面就可以，呼气的动作在水中也可以完成。

　　因此，没有必要过于夸张地向前抬头，也不必大幅度侧倾。

呼吸的时候，前面的手臂要用力抱水

在手臂开始回归原处时呼吸。这时，水中的手臂开始抱水。

对于呼吸没有自信的人往往容易忘记水中的动作，但是双臂在水中的动作是很重要

的。如果身体能够借着抱水的动作向前滑动的话，呼吸也会变得轻松。其实，和呼吸相比，更应该把精力放在抱水的动作上。

为了进行呼吸而发生动作变形的话，不仅花费更多的力气，而且身体容易下沉

如果为了呼吸，头部向前抬起，或者抬头抬过高的话，当然会发生重心后移，身体直立的现象。

这样的话，不仅身体的阻力加大，甚至双臂划水的动作也受到影响。

先不提阻力加大的问题，这样的姿态是没法正常游泳的，所以绝对不能出现这样的错误。

头部向前方抬起呼吸的话，会导致身体下沉。

头抬得过高的话，重力会导致身体直立，无法游动。

CRAWL

想要游得更快的
人需要掌握更高级的技巧

**如果游泳的动作已经很熟练的话，
让我们加快速度。
基本的注意事项是相同的，
但是因为速度加快了，所以会有一些新的注意事项。**

如果慢速游泳时的姿势已经很标准的话，接下来学习一些加快速度的技巧。

但是如果把慢速游泳时的姿势原封不动地移植过来的话，动作的节奏一定会被打乱，手脚的配合不再流畅。

使用基本姿势游泳时，划水和打腿的动作幅度都比较大，而且速度比较慢。虽说心理想要提高速度，但是单纯加快四肢的运动频率的话，身体的负担加重了，但前进的速度不一定会加快。

如果使用蛮力的话，全身的肌肉会更加僵硬，以前学到的游泳技巧就不管用了。

快速游泳时，全身的动作会变小，但是基本的技巧和慢速时一样。只要学会身体的动作，就会掌握加速的方法。

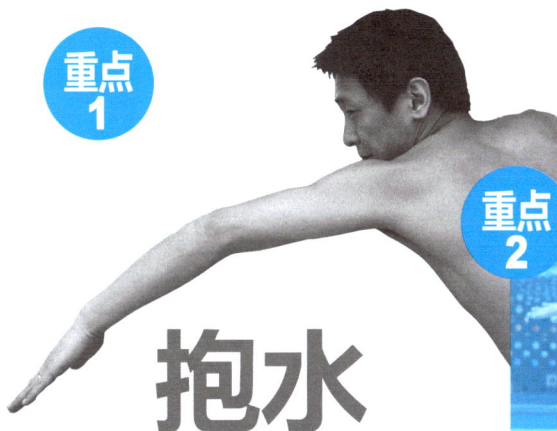

重点 1

抱水

和往常相同，肘部微弯，用力抱水。这个动作是否标准，对于提速非常重要。

重点 2

划水

随着速度的提高，划水的幅度变小。但是动作依旧要放松，如果动作僵硬的话，会导致动作变形。

重点 3

打腿

随着速度的提高，打腿的幅度也会变小。关键是双腿的动作要连贯，而且均匀。

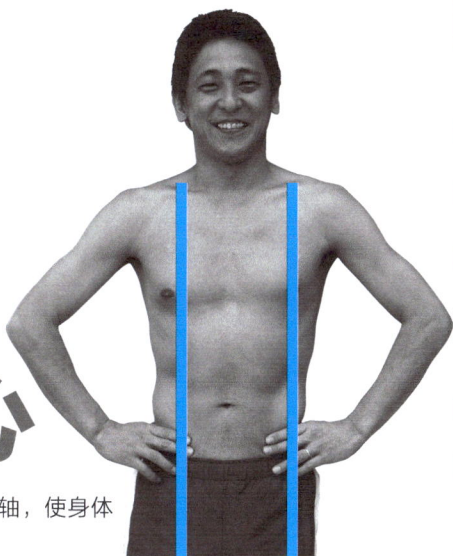

重点 4

身体重心

在抱水以后，利用身体的两根轴，使身体在水上滑动。

CRAWL

通过缩小划水动作，
将身体重心向前移

　　如果手臂划水的动作过大的话，双臂的动作有可能赶不上双腿的节奏。所以双臂的动作不必过分向前伸，缩小划水的动作也是很必要的。

　　但是抱水的动作和往常一样，不要忘记通过抱水的动作，将身体的重心前移。因为双臂的划水动作变小，所以根据双臂的动作，重心向两侧移动的频率也会变快，如果上身发生扭曲的话，就不容易将重心前移了。

　　这时，最好注意身体内部的两根轴。如果是右臂划水时，把身体放在右侧的轴上，左臂划水时，把身体放在左侧的轴上。

　　如果划水时注意肩胛骨的动作的话，更容易找到身体内部的两根轴。当然划水时，肘部没有向外伸展的话，也无法将身体的重心向前移动。并且不要忘记，手部入水后，要迅速前伸。

肘部外伸，
充分抱水

如果在快速的运动当中，没有通过肘部外伸来进行抱水的话，无法将身体的重心向前移动。为此，手部入水之后，迅速前伸，随后充分地进行抱水。即使在快速的动作当中，也应该保持节奏感。

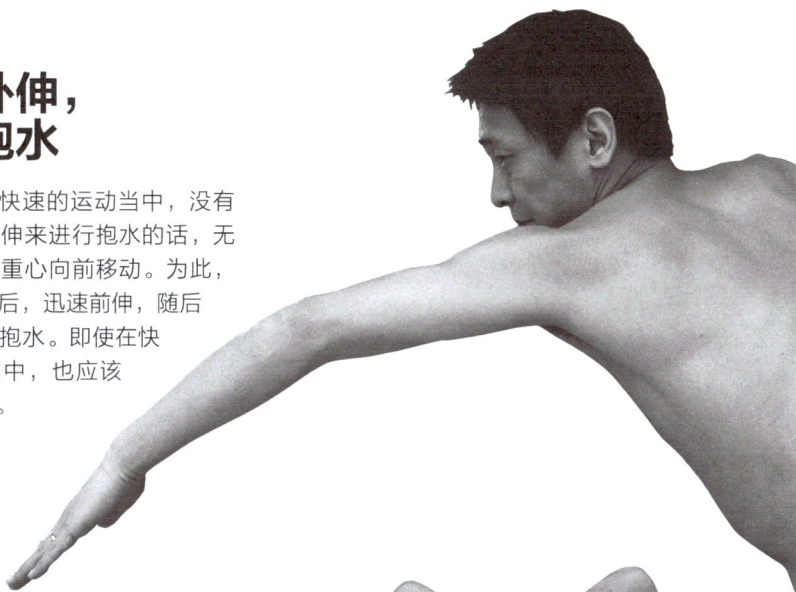

注意身体
在右两侧的轴心，
迅速改变重心

如果抬高一侧肩胛骨，并伸展臂部的话，可以提高一侧的身体。

所以在划水时，身体的动作要不断在这两根轴之间交换进行。

如果按照以前的动作，以身体内部的一根轴为中心的话，为了提高游泳速度，双臂一定要使用更大的力量。

请不要忘记，游泳中的前进是通过重心向前移动，而不是通过双臂的力量移动。

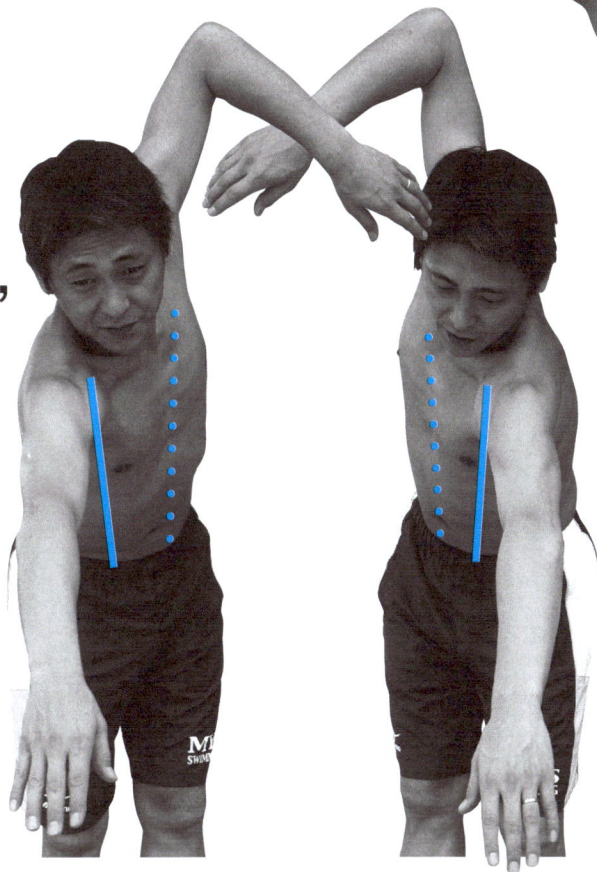

配合划水动作，
缩小打腿的动作

　　如果打腿的动作和往常一样过大的话，无法做出很多细微的节奏变化。如果头脑中一味想像着向下打腿的话，容易过分地使用力量来控制自己的动作。这样的话，腿部的动作会变得更加僵硬。

　　在打腿时，头脑中最好想像着双腿夹水的动作。以前我们几乎没有考虑过向上打腿的动作，但是只有注意向上打腿的动作，才能够真正地掌握自由泳中的打腿。

　　此外，如果身体左右摇摆的角度很大的话，划水的深度也会很大。划水的动作变小以后，身体的左右摇摆的角度自然也随之变小。

　　此时需要注意的是，如果身体正面朝下的话，双腿打水时会自然下沉。所以要根据身体倾斜的角度，不断改变打腿的姿势。

根据身体倾斜的角度，双腿像螺旋桨一样打腿

下肢一边左右摆动，一边打腿是很重要的。如果不会做这个动作的话，可以想像一下螺旋桨的动作。但是，如果身体发生扭曲的话，无法利用身体内的两根轴。这样的话，不仅无法利用肩胛骨的动作进行抱水，而且无法顺利地将重心向前移动。

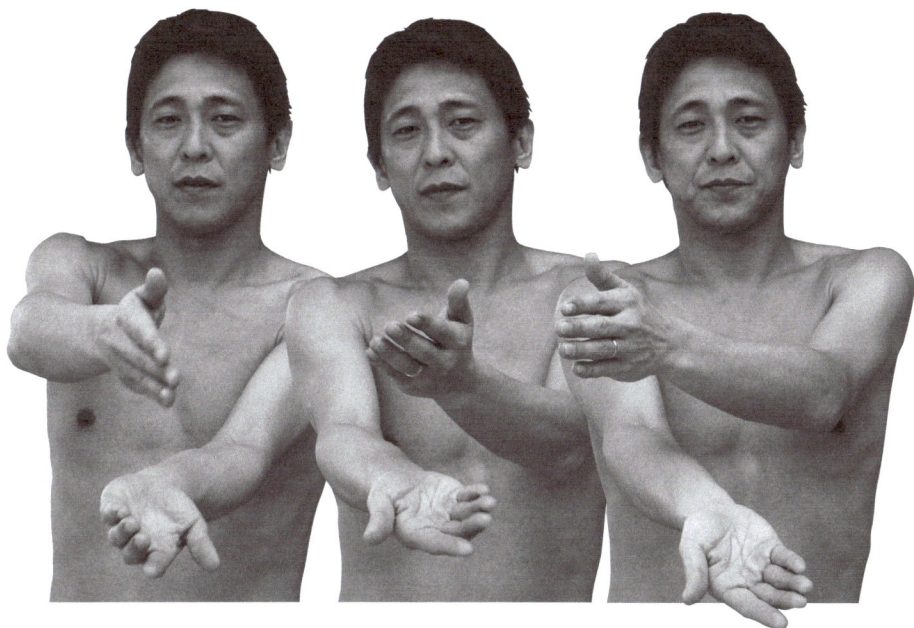

头脑中想像的不是踢水，而是双腿夹水的动作

如果向上打腿时，双腿带有夹水的动作的话，可以避免下半身在水中下沉。如果提高下半身的位置的话，可以保持身体前倾的姿态，更容易将重心向前移动。

也就是说，打腿的动作可以帮助抱水以及重心的向前移动。

QUICK TURN

快速转身时笔直地蹬壁，以流线型的姿势向下方前进

　　自由泳的转身，可以采取快速转身的方法。在进行快速的自由泳时，如何在转身时保持速度不下降，是游泳中的关键。

　　即将进行转身时，双手同时划水以后，采用海豚式打腿加强身体的反弹能力，身体顺利收缩。转身时和墙壁的距离，以及转身的时机，需要通过不断的练习来培养。

　　转身以后，身体的正面自然朝上。这时不必将身体的正面强行向下转，由于身体多余的动作，会加大阻力。

　　双腿蹬壁以后，双手自然伸向头顶上方，身体垂直蹬壁。如果蹬壁的位置过高或过低，会导致身体无法垂直蹬壁。蹬壁后身体会上浮或下沉。

　　转身以后，身体可以保持流线型，逐渐将身体的正面向下转。

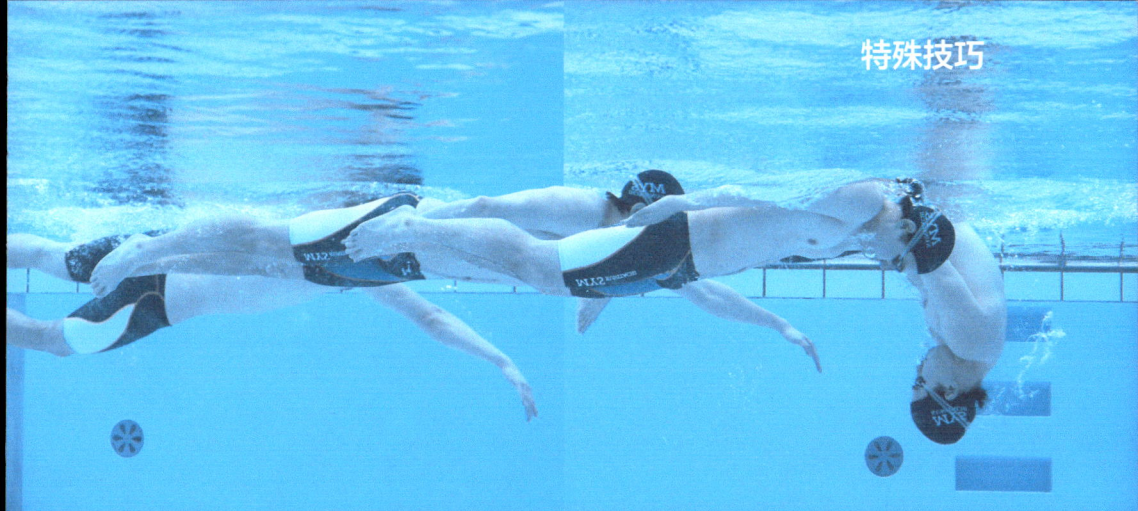

入水时，不要向高处跳，而是要向远处跳。尤其要注意不要入水太深

　　跳水是比较危险的动作，很多游泳池都禁止跳水。所以大家练习的机会也不多，但是如果为了参加比赛的话，最好练习一下跳水。即使没有跳台也可以练习，但是在比较浅的游泳池练习的话比较危险，请注意。

　　跳水时，不要向高处跳，尽量向远处跳。虽然跳台的高度不同，但是跳得过高的话，入水也会更深，所以效果不好。

　　入水的动作，可以认为是先用手指在水面上捅一个洞，然后把身体钻入这个洞中。我们经常说的，不要激起太大的水花，就是这个道理。

　　入水以后，为了保持速度，身体的姿态尽量保持流线型，进行一次海豚式打腿以后，再开始游动。

为了磨练游泳技巧
而进行一些训练

为了提高游泳的速度，不仅要准确地抱水，正确地划水，
有力地打腿，而且需要发挥身体力量的正确姿态。
接下来我们利用正确的动作，把这些练习进行串联。

抱水

为了在双臂划水以后，能够进行正确的抱水动作，我们有必要进行一些有针对性的抱水练习。

关于夹水、后拉、前推等抱水练习，在四种游泳的姿态中都可以使用到。

这些练习可以通过手掌和前臂内侧与水的接触，培养抱水的感觉。通过抱水的动作，置身体于水上，并且向前滑动。

此外，大家也可以进行一些自由泳和仰泳的抱水练习。

●夹水

身体正面朝下，浮在水上，双臂伸开与肩同宽。双臂伸展后画"8"字，向内侧回收。向外伸展时，也要准确地抱水，使身体置于水上，向前滑动。

这对于抱水时的手型是非常有益的练习。

●后拉

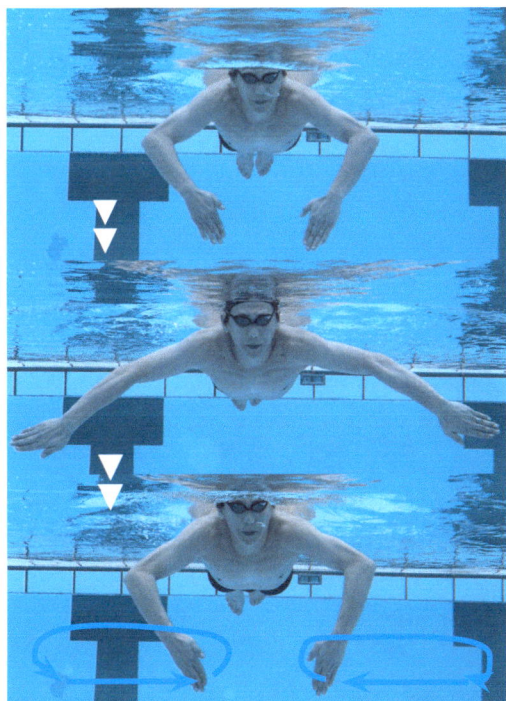

双臂保持与肩平行的姿势进行抱水。

为了保持双臂不下沉，尽量抬高双臂，用前臂的内侧进行抱水。

将抱过的水向身体聚集，对于身体重心的移动是非常好的练习。

●前推

接下来从肘部接近身体两侧的位置开始，进行抱水练习。

双手向前方归位时，为了减小水的阻力，手掌转向内侧归位。

PROGRESSIVE DRILL

●自由泳中的抱水

这是通过单手画"8"字来进行的自由泳的抱水练习。

如果左右双臂的动作不一致的话，无法向正前方游动，所以要用从手部到指尖的前臂内侧，准确地进行抱水。

●仰泳中的抱水

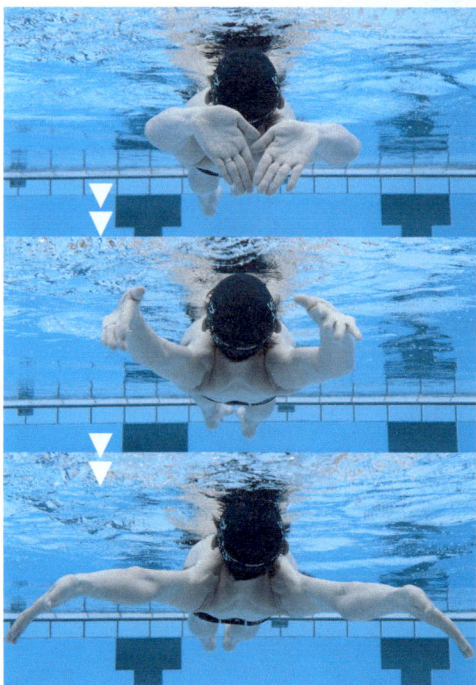

这是为了培养仰泳中的抱水动作而进行的练习，和其他的游泳姿态不同，这个练习向反方向（脚部的方向）前进。

潜 水

接下来我们进行一下潜水时的抱水和打腿训练。动作和蛙泳一样，而且在4种姿态中都可以使用。特别是要注意抱水的动作。

首先进行蹬壁，然后按照蛙泳的方法进行划水和打腿。因为这不是憋气的练习，所以没有必要在水中多次划水。

如果姿势不对的话，身体容易上浮。而且在划水以后，身体保持流线型，继续向深处游动。这对于蛙泳的腿部动作也是一项很好的练习。

●身体向下

接下来我们把抱水的各种动作串联起来，练习中途一定要准确地抱水，不能让水漏掉。而且过于用力，姿势不对，以及打腿以后，都会导致身体上浮。这几点请注意。

●身体向上

身体向上，进行划水和打腿练习。虽然身体正面向上，但是动作和正常的蛙泳是一样的。这项练习有助于修正划水的动作。

PROGRESSIVE DRILL

3-2-1 划水

这是划水后身体笔直向前游动的练习。首先用单侧的手分别划水3次，接下来单手划水2次，最后单手划水1次。

如果双手划水的动作不协调的话，无法向正前方游动。而且在换气时也不能偏离轨道。

身体向下的练习对于蛙泳、自由泳和蝶泳很有帮助。打腿时采用蝶泳的打腿方式。身体向上练习的话，有助于仰泳的进步。

●身体向下

首先要做到，换气时能向正前方游动。如果呼吸的时机不对，或者头部抬得过高的话，不容易保持方向。所以要一边左右摆动身体，一边正确地划水。

●身体向上

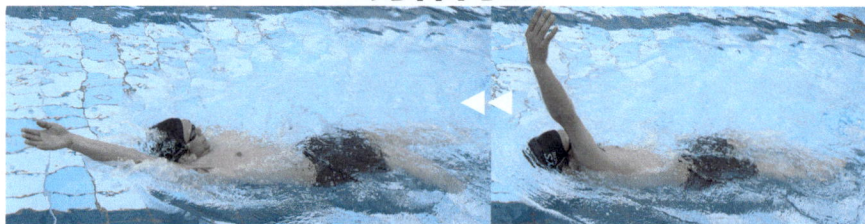

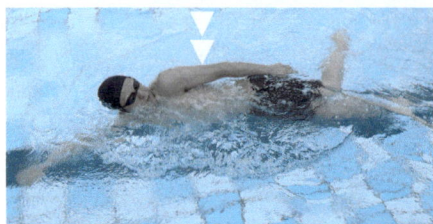

在身体向上练习时，手臂要紧贴着身体。如果身体不能正确地左右摇摆的话，划水的动作会出现变形，身体无法保持向前游动。

2划水+1打腿

这是蛙泳的手脚动作配合的练习。首先进行2次划水，1次打腿。这个练习可以和下面的1划水2打腿配合训练。

1划水+2打腿

在蛙泳时，手脚容易一同弯曲。所以将划水和打腿的动作分别练习，1次划水以后，进行2次打腿。可以和上面的2划水1打腿的练习配合在一起进行。

右2+左2+双臂2

这是蝶泳的划水练习。双手分别进行两次划水，最后双手同时进行两次划水。打腿和往常一样，每划水一次，打腿两次。

在划水和打腿进行配合的同时，可以掌握正确的划水动作。

如果双臂的划水动作不能保持平衡的话，无法向正前方游泳。请注意这一点。

PROGRESSIVE DRILL

自由泳时头部露出水面

让我们尝试一下自由泳时头部露出水面，这对于自由泳的打腿是很好的进阶练习。

如果头部露出水面的话，身体直立，受到的阻力更大。因此需要更有力地打腿

蛙泳时头部露出水面

接下来尝试一下蛙泳时头部露出水面，这对于蛙泳的打腿是很好的练习。

请注意，滑水和打腿的动作不能重合在一起。

仰泳时头部露出水面

接下来尝试一下仰泳时头部露出水面，这对于仰泳的打腿是很好的练习。

蝶泳时头部露出水面

最后是在蝶泳时头部露出水面，这对于蝶泳的打腿是很好的练习。

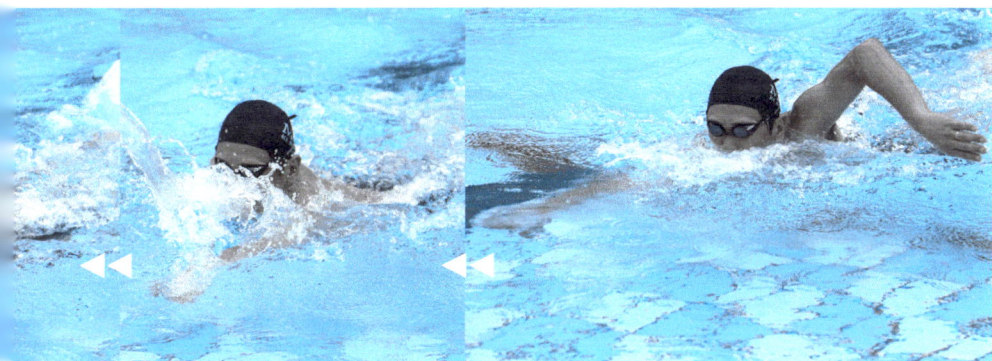

鸡翅划水法

●自由泳

手部动作恢复时，拇指接触肋骨。而且抬起的肘部弯曲的话，水中的肘部也变得更容易弯曲。

这是在水的阻力比较小的浅水中的划水练习。

●仰泳

同样在手部动作恢复时，拇指接触肋骨。使水中的肘部变得更容易弯曲。

如果划水过深的话，由于水的阻力过大，手脚的动作不容易配合。所以通过这项练习可以使划水的姿态变得更加自然。

4打腿1划水

●蛙泳

这是掌握通过打腿来前进的蛙泳练习。每4次打腿之后，双臂划水1次。蛙泳主要是通过打腿来前进的，所以为了得到前进的动力，要具备强有力的打腿动作，以及和打腿动作相配合的游泳姿态。

●蝶泳

这是加强蝶泳中的第二次打腿的力量练习，每4次打腿之后，双臂划水1次。为了能够提高蝶泳的速度，利用第二次打腿，身体保持流线型向前推进。

开始练习时，第一次打腿的力量容易更强。因此通过这个练习，可以掌握第二次打水前进的感觉。

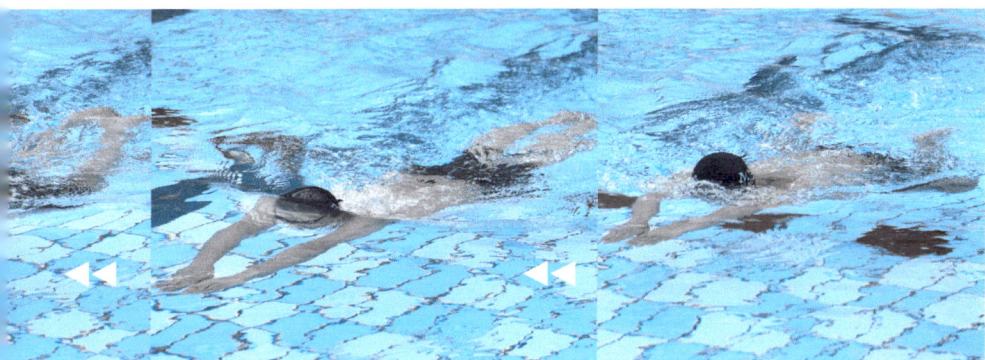

PROGRESSIVE DRILL

游泳前必须要
做的肌肉伸展训练

接下来挑战一下高级的肌肉伸展训练。
这些训练可以使肌肉的可运动范围得到提高，
并且增加身体的柔韧性，这样游泳时的姿态会更加放松。
练习时切忌鲁莽行事。可以根据自己的能力进行适当的练习。

因为游泳是一项全身运动，而且是在不稳定的水中的全身运动，只要稍稍动作有些僵硬，就会变得不自然，还会往下沉。

不只是游泳当中，在进行很多体育项目的训练当中，都需要提高手臂、肩膀、骨关节、腿部的柔韧性。通过正确的方法运动自己的身体，可以将自己的力量和速度更高效地发挥。

但是关节或身体僵硬的话，即使勉强地将肌肉的可运动范围进行扩大，也会不知不觉地使用更多的力量。用力过度的话，可运动范围又会变小，这就形成了一种恶性循环。特别是肩部和股关节，运动范围很大的关节出现问题的话，会对身体的运动产生巨大的影响。

一般来说，对于肩部、肩胛骨、骨关节、腿部的肌肉伸展训练，大家可能有所了解。在这里，我们要向大家介绍一些通过反作用力进行的高级动态伸展训练。

如果是身体僵硬的人，请不要过分勉强自己。如果感到身体在训练中疼痛的话，请立刻停止。特别是肩关节和股关节，可运动范围比较大，但是关节并不稳定，如果过于强迫自己进行训练的话，容易出现损伤，这一点请大家注意。

腿后腱、腓肠肌、背阔肌

利用反作用力
左右各练习
10 次

保持坐姿时伸直一侧的腿，另一侧的腿向内弯曲，小腿内侧紧贴大腿内侧。

用另一侧的手臂抓住脚尖，利用反作用力将身体向前倒。

随后上肢向着伸腿的方向前后摇摆。

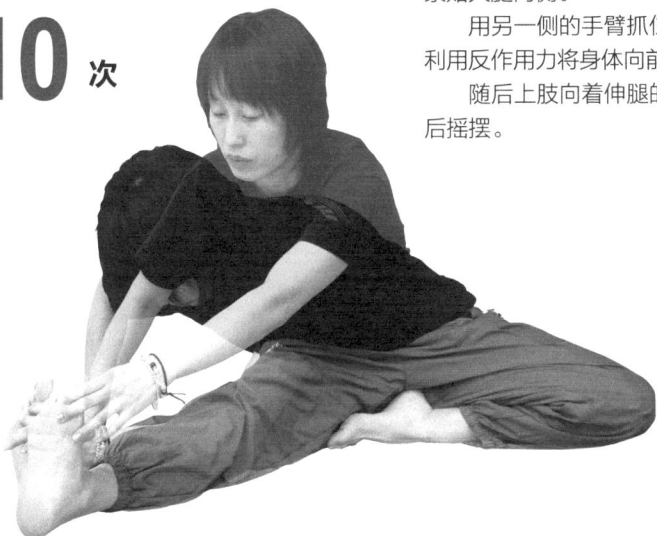

股关节、大腿内侧

保持坐姿时双腿弯曲，两侧脚掌相对并拢。双手握住脚尖，利用反作用力将身体向前倒。

随后上肢向着伸腿的方向前后摇摆。

利用反作用力
练习
10 次

APPENDIX

股关节、腰背部、大腿内侧

双腿横向劈叉，利用反作用力将身体向前倒。

随后保持脚尖向上，上肢前后摇摆。

利用反作用力
练习
10 次

股关节、大腿内侧

双腿横向劈叉，双手按住大腿根，进行后背的弯曲和伸展练习。

利用反作用力
练习
10 次

股关节、臀部、腿后腱、大腿内侧

左右各
静止
20 秒

保持坐姿时伸直一侧的腿，另一侧的腿向内弯曲，小腿内侧紧贴大腿内侧。

双手按地，保持脚尖向上的同时，慢慢将身体前倾。

股关节、背阔肌、竖脊肌、腰背部

后背笔直坐在椅子上，双脚分开，进行后背肌肉的伸展练习。

要尽量保持动作的连贯性。

利用反作用力
练习
10 次

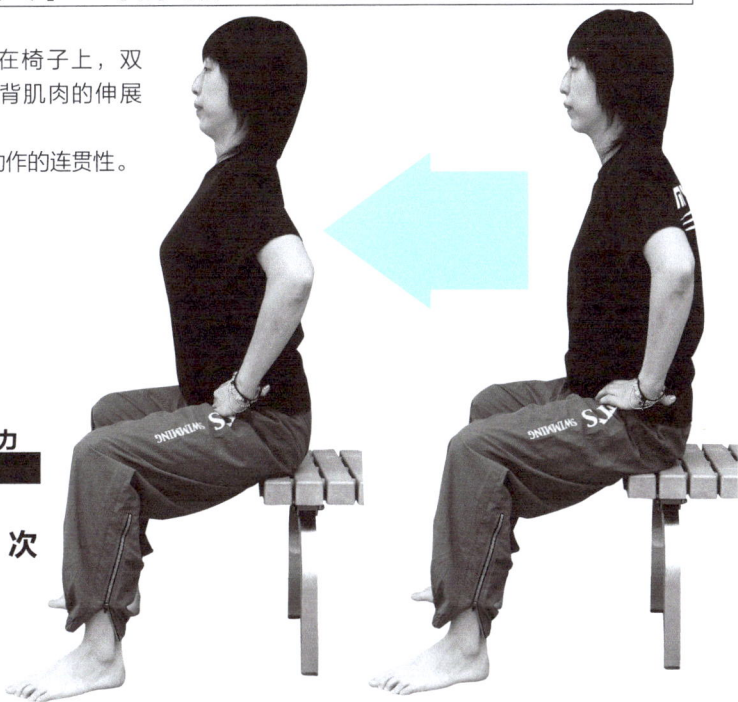

APPENDIX

股关节、股四头肌、腿后腱、腓肠肌

利用反作用力
左右各练习
10 次

双腿前后劈叉，双手放在双腿的两侧，利用反作用力将身体向前倒。

随后上肢向着伸直的腿，前后摇摆。

胯腰肌、股关节

前腿弯曲成90度，后腿尽量向后伸直，重心放在前腿，身体静止。

保持骨盆向前的姿态，上肢不要向前倒。

左右各
静止
20 秒

股关节、股四头肌、胫骨前肌

前腿弯曲成90度，手抓后腿，利用反作用力将身体向后倒。

请注意，骨盆不要倾斜，上肢也不要向前倒。

利用反作用力
左右各练习
10 次

肩关节、肩胛骨、背阔肌、侧背部

抬起单臂，肘部弯曲，用另一只手按住肘部，身体向一侧倾斜，并且保持这个姿势。

左右各
静止
20 秒

肩关节、肩胛骨、背阔肌、侧背部

将扫帚放在颈部后方，慢慢将身体左右倾斜。

慢慢地左右
各练习
10 次

APPENDIX

肩关节、肩胛骨、侧背部、股关节

保持坐姿时伸直一侧的腿，另一侧的腿向内弯曲，小腿内侧紧贴大腿内侧。

另一侧的手臂越过头顶，伸向脚部。利用反作用力将身体横向弯曲。

利用反作用力
左右各练习
10 次

肱二头肌、肩关节、肩胛骨

从侧卧的姿态伸出手臂，向上举起。随后前后摆动手臂。

利用反作用力
左右各练习
10 次

肩关节、肩胛骨、背阔肌

从侧卧的姿态伸出手臂，向上举起。随后向头部的方向摆动手臂。

利用反作用力
左右各练习
10 次

肩关节、肩胛骨、背阔肌

俯卧在地面上，举起单手，手掌按在地面上。

膝盖弯曲90度，双脚并拢，左右摆动。

利用反作用力
左右各练习
10 次

肩关节、肩胛骨、背阔肌

俯卧在地面上，双手伸向一侧，手掌按在地面上。身体压在双手上。

膝盖弯曲90度，双脚并拢，左右摆动。

利用反作用力
左右各练习
10 次

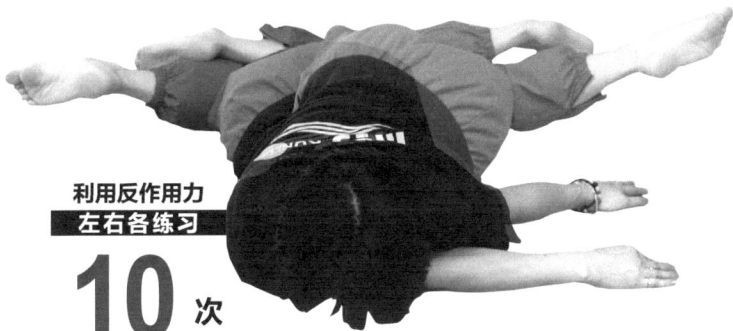

APPENDIX

塑造你的泳姿

后记

运动不仅可以提高人们的身体健康水平，而且可以给生活带来欢乐，使生活过得更加充实。

这些年，随着生活变得越来越方便，社会环境也出现了显著的变化。人们对于健康变得更加热心，对于运动的兴趣也不断高涨。

大家对于运动的思考方式，也不再是观赏运动，而是逐渐变为参加运动。运动的原点应该是"竞技"。经过不断的练习，并且通过竞技取得成果的话，得到的快乐也会倍增。

游泳是一项不分年龄、性别、体力和运动经验的运动。特别是刚开始时，只要通过练习，谁都可以很快取得进步。此外，在练习游泳期间，可以释放日常生活中的压力。希望大家在学习理想的游泳姿态的同时，感受游泳的快乐，并且能够爱上游泳。

主编Profile

（MYS国立游泳学校法人代表）
堀内善辉

　　1965年4月29日生。9岁时开始在NAS游泳学校（现MYS国立游泳学校）学习游泳。曾获得日本奥委会举办的青少年游泳比赛的最高奖项，中学时打破了1500米短道自由泳的日本纪录。在其他各项比赛中也多次获奖。曾经在日本体育设施运营株式会社进行青少年的体育指导工作，2003年开始担任MYS国立游泳学校法人代表。

模特

村坂美知代

作为日本游泳联盟指定的游泳教练，负责游泳运动员强化班的教学工作。曾经培养过奥运参赛选手。

信坂育美

作为日本游泳联盟指定的基础游泳教练，负责游泳运动员班的教学工作。

千代延友纪

负责普通班和水球班的教学工作。对于救护方法有很深的研究。

伊藤胜规

作为日本游泳联盟指定的基础游泳教练，负责游泳运动员培训班的教学工作。

图书在版编目（CIP）数据

从零开始学游泳：仰泳、蛙泳、蝶泳、自由泳技巧
完全图解 ／（日）堀内善辉主编；王爽威 译． -- 北京：
人民邮电出版社，2015.11
ISBN 978-7-115-40186-1

Ⅰ．①从… Ⅱ．①堀… ②王… Ⅲ．①游泳－图解
Ⅳ．①G861.1-64

中国版本图书馆CIP数据核字(2015)第199324号

内 容 提 要

本书由获得过很多奖项的专业游泳教练主编，经验丰富的在职游泳培训班教练进行水下动作示范，通过600余幅示范照片和插图，介绍了即使是新手也很容易懂的四种泳姿，即自由泳、蛙泳、仰泳和蝶泳的基础知识，以及能提高游泳速度的技巧。通过阅读本书，可以帮助游泳者记住身体动作的诀窍，掌握不同的游泳方法，游得更快、更好，享受更多乐趣。

◆ 主　　编　［日］堀内善辉
　　译　　　　王爽威
　　责任编辑　李　璇
　　责任印制　周昇亮

◆ 人民邮电出版社出版发行　　北京市丰台区成寿寺路 11 号
　　邮编　100164　　电子邮件　315@ptpress.com.cn
　　网址　https://www.ptpress.com.cn
　　涿州市般润文化传播有限公司印刷

◆ 开本：700×1000　1/16
　　印张：11　　　　　　　　　　2015 年 11 月第 1 版
　　字数：254 千字　　　　　　　2025 年 9 月河北第 37 次印刷
　　著作权合同登记号　图字：01-2015-1058 号

定价：49.80 元
读者服务热线：(010)81055296　印装质量热线：(010)81055316
反盗版热线：(010)81055315